（第2版）

# 摩托车维修基本技能

就业技能培训教材 | 人力资源社会保障部职业培训规划教材
人力资源社会保障部教材办公室评审通过

主编 刘昌林

中国劳动社会保障出版社

图书在版编目(CIP)数据

摩托车维修基本技能 / 刘昌林主编. -- 2 版. -- 北京：中国劳动社会保障出版社，2020

就业技能培训教材

ISBN 978-7-5167-3696-8

Ⅰ.①摩… Ⅱ.①刘… Ⅲ.①摩托车-车辆修理-技术培训-教材 Ⅳ.①U483.07

中国版本图书馆 CIP 数据核字(2020)第 084026 号

## 中国劳动社会保障出版社出版发行

(北京市惠新东街 1 号 邮政编码：100029)

\*

北京市艺辉印刷有限公司印刷装订 新华书店经销

880 毫米×1230 毫米 32 开本 6.625 印张 107 千字

2020 年 8 月第 2 版 2023 年 6 月第 2 次印刷

定价：**16.00 元**

营销中心电话：400-606-6496

出版社网址：http://www.class.com.cn

**版权专有 侵权必究**

如有印装差错，请与本社联系调换：(010) 81211666

我社将与版权执法机关配合，大力打击盗印、销售和使用盗版图书活动，敬请广大读者协助举报，经查实将给予举报者奖励。

举报电话：(010) 64954652

# 前　言

国务院《关于推行终身职业技能培训制度的意见》提出，要围绕就业创业重点群体，广泛开展就业技能培训。为促进就业技能培训规范化发展，提升培训的针对性和有效性，人力资源社会保障部教材办公室对原职业技能短期培训教材进行了优化升级，组织编写了就业技能培训系列教材。本套教材以相应职业（工种）的国家职业技能标准和岗位要求为依据，力求体现以下特点：

全。教材覆盖各类就业技能培训，涉及职业素质类，农业技能类，生产、运输业技能类，服务业技能类，其他技能类五大类。

精。教材中只讲述必要的知识和技能，强调实用和够用，将最有效的就业技能传授给受培训者。

易。内容通俗，图文并茂，引入二维码技术提供增值服务，易于学习。

本套教材适合于各类就业技能培训。欢迎各单位和读者对教材中存在的不足之处提出宝贵意见和建议。

人力资源社会保障部教材办公室

# 内容简介

本书是摩托车修理工就业技能培训教材,基于目前典型的摩托车车型,以实际技能操作的视角,主要围绕摩托车初级工和部分中级工的维护和维修作业项目,针对常见的故障提出其诊断、检查、维修方法和手段。主要技能项目包括摩托车一级和二级维护项目、摩托车发动机维修项目、传动系统维修项目、操纵控制系统维修项目、行车系统维修项目和电气维修项目。

本书由刘昌林主编,张理冬、郑焱参编。

# 目 录

第1单元 职业认知及职业道德 ……………………………（ 1 ）

 模块一 摩托车维修工岗位认知 ………………………（ 1 ）

 模块二 职业道德基本知识 ……………………………（ 4 ）

 模块三 安全生产知识 …………………………………（ 10 ）

第2单元 摩托车维修基本知识 ……………………………（ 15 ）

 模块一 摩托车分类与编号 ……………………………（ 15 ）

 模块二 摩托车的总体结构及基本组成 ………………（ 19 ）

 模块三 摩托车维修常用工具与量具 …………………（ 22 ）

第3单元 摩托车维护作业 …………………………………（ 41 ）

 模块一 摩托车一级维护作业 …………………………（ 41 ）

  技能1 摩托车磨合Ⅰ期保养技能 ……………………（ 42 ）

技能 2　摩托车磨合 II 期保养技能……………………（44）

　　　技能 3　摩托车磨合 III 期保养技能……………………（48）

　　　技能 4　摩托车出车前例行保养技能……………………（52）

　　　技能 5　摩托车行车中例行保养技能……………………（56）

　　　技能 6　摩托车收车后例行保养技能……………………（58）

　　　技能 7　摩托车清洗作业技能……………………………（62）

　　　技能 8　摩托车紧固作业技能……………………………（64）

　模块二　摩托车二级维护作业………………………………（66）

　　　技能　摩托车二级维护作业检查技能……………………（67）

# 第 4 单元　摩托车发动机维修作业………………………（73）

　模块一　摩托车进气系统维修作业…………………………（73）

　　　技能　摩托车进气系统维护技能…………………………（73）

　模块二　摩托车发动机一般维修作业………………………（77）

　　　技能 1　调整气门间隙技能………………………………（77）

　　　技能 2　检测与调整点火正时……………………………（80）

　　　技能 3　调整发动机怠速…………………………………（82）

　模块三　摩托车燃油供给系统维修作业……………………（84）

　　　技能　摩托车燃油供给系统维护技能……………………（84）

模块四 摩托车排气系统维修作业 …………………………（91）

　　技能　摩托车排气系统维护技能 ……………………（91）

模块五 摩托车润滑系统维修作业 …………………………（96）

　　技能1　四冲程发动机润滑系统维护技能 ……………（96）

　　技能2　摩托车整车润滑技能 …………………………（100）

　　技能3　调整机油泵 ……………………………………（106）

模块六 摩托车发动机简单故障诊断与排除作业 ……（110）

　　技能　诊断与排除一般油路故障 ………………………（110）

# 第5单元　摩托车传动系统维修作业 ……………………（115）

模块一　驱动链条维修作业 ………………………………（115）

　　技能　检修与调整驱动链条 ……………………………（115）

模块二　传动带维修作业 …………………………………（121）

　　技能　检查与更换传动带 ………………………………（121）

# 第6单元　摩托车操纵控制系统维修作业 ………………（125）

模块一　摩托车油门操纵钢索调整 ………………………（125）

　　技能　调整油门操纵钢索自由行程 ……………………（125）

模块二　摩托车鼓式制动系统维修作业 …………………（128）

· Ⅲ ·

技能1　摩托车鼓式制动系统调整技能 …………………… (128)

技能2　摩托车鼓式制动系统小修作业 …………………… (136)

技能3　诊断与排除摩托车鼓式制动器简单故障 ………… (142)

模块三　摩托车离合器操纵系统维护作业 ………………… (147)

技能1　调整离合器自由行程 ……………………………… (147)

技能2　诊断与排除摩托车离合器简单故障 ……………… (152)

# 第7单元　摩托车行车系统维修作业 ………………………… (159)

模块一　转向机构维护作业 ………………………………… (159)

技能　转向机构小修作业 ………………………………… (159)

模块二　减振器维护作业 …………………………………… (167)

技能　调整后减振器凸轮 ………………………………… (167)

模块三　摩托车车轮维护作业 ……………………………… (171)

技能1　摩托车车轮小修作业 ……………………………… (171)

技能2　诊断与排除摩托车车轮简单故障 ………………… (183)

# 第8单元　摩托车电气维修作业 ……………………………… (187)

模块一　蓄电池维护作业 …………………………………… (187)

技能　摩托车蓄电池维护作业 …………………………… (187)

模块二　诊断及排除一般电路故障 …………………（190）

技能　诊断及排除一般电路故障操作 ………………（190）

培训大纲建议 ………………………………………………（196）

# 第 1 单元 职业认知及职业道德

## 模块一　摩托车维修工岗位认知

### 一、摩托车维修工

摩托车维修工是指使用工具、夹具、量具、仪器、仪表及检修设备，对摩托车进行维护、修理、调试和检验的人员。

### 二、摩托车维修工的主要工作内容

1. 安装调整工艺装备，准备修理工具。

2. 使用工具、夹具、量具和仪器、仪表，按车型和技术要求对摩托车各部件进行检查、调整、故障诊断与排除、更换与修理。

3. 对修理后的摩托车进行试车。

4. 维护保养工具、夹具、量具和仪器、仪表及检修设备，排除使用过程中的故障。

## 三、摩托车维修工从业基本要求

1. 从事摩托车维修工作的人员一般需具备高中（或同等学力）及以上文化程度。

2. 手臂、手指灵活，色觉、嗅觉、听觉正常，动作协调，有较强的空间感。

3. 具有一定的表达能力和形体知觉感。

4. 具有一定的学习能力，能获取、理解外界信息，并对信息进行分析、判断。

5. 具有一定的计算能力。

6. 熟练掌握摩托车驾驶技术。

7. 掌握机械制图、常用数学和物理的基础知识以及法定计量单位换算等知识。

8. 具备电工学、钳工基础知识，了解安全操作规程。

9. 熟悉常用工具、量具、仪表、设备的名称、规格和用途。

10. 了解摩托车的一般构造和工作原理，掌握主要修理标准和工艺规程。

11. 具备液压传动的基本知识和摩托车常见电子控制装置的原理。

12. 掌握摩托车零件的检验分类和互换性规则。

## 四、摩托车维修工基本工作要求

摩托车初级维修工的基本要求有维护作业和简单故障排除两个方面的内容。

**1. 摩托车维护作业**

（1）一级维护作业。按照摩托车一级维护作业项目及技术要求完成：

1）正确使用常用工具，会使用扭力扳手。

2）按车型要求完成润滑系统和配气系统的维护作业。

3）按车型要求完成紧固、润滑作业。

（2）二级维护作业。按照摩托车二级维护作业前的检测项目和技术要求，使用仪器、仪表进行检验与技术评定，确定维护作业中的小修项目。

按照摩托车二级维护作业项目及技术要求，完成调整气门间隙、调整怠速、调整点火正时、调整前后制动器和离合器自由行程等二级维护作业项目。

（3）摩托车的小修作业。按照摩托车小修作业的有关修理标准和工艺规范，完成方向柱、制动器、车轮等小修作业。

### 2. 简单故障排除

诊断与排除汽油发动机油路、电路的简单故障。

按照摩托车油路、电路故障的诊断方法,依据化油器的基本构造与工作原理、点火系统电路与工作原理完成:

(1)诊断与排除一般油路的故障。

(2)诊断与排除一般电路的故障。

# 模块二　职业道德基本知识

## 一、摩托车维修行业职业道德的要求

职业道德是指从事一定职业的人们在职业活动中应遵循的职业行为道德规范,即道德观念、行为规范和风俗习惯的总和。各行各业都有自己具有行业特征的职业道德,但其共同特点是:对职业充满情感、信念与责任感。

职业道德要求各行各业都树立为服务对象服务的思想,而决不损害他们的利益,生产者为消费者服务,维修人员为托修方服务。

热爱自己的岗位,树立职业的责任感和荣誉感,这种高尚的职业道德情操,也是我国公民道德建设的重要内容。

**1. 具有职业义务与职业良心**

摩托车维修职业义务是指摩托车维修从业人员在职业生活中所履行的道德义务。摩托车维修从业人员应当认识到自己的职业责任,应当积极推动摩托车维修行业的发展进步,并把行动落实到每一辆在修车上,在实际工作中自觉自愿地履行职业责任,这是一种道德行为,是履行摩托车维修职业义务的表现。

职业良心是同摩托车维修职业义务密切相关的重要道德范畴,是蕴藏在摩托车维修从业人员内心深处的一种情感与意识活动。摩托车维修职业良心主要有两层含义:一是摩托车维修从业人员对摩托车维修业、对服务对象的道德责任感;二是摩托车维修从业人员依据维修行业道德规范进行自我评估的能力。

**2. 具有职业信誉和职业尊严**

摩托车维修职业的社会声誉,是摩托车维修职业形象的外在表现的反映。形象好,社会信誉就好,生产和经营效果就会好。摩托车维修和质量检验人员作为摩托车维修职业的载体,对于摩托车维修质量和摩托车维修职业的形象以及社会声誉的树立关系极为重要。因此,摩托车维修从业人员一定要树立讲求摩托车维修职业信誉的观念。

摩托车维修职业尊严是指摩托车维修从业人员对摩托车维修职业的尊重和爱护。摩托车维修职业尊严使自己的一举一动都从维护摩托车维修职业尊严出发，避免不利于或有损于职业尊严的行为。

**3. 具有职业责任和职业情感**

摩托车维修职业责任是指摩托车维修从业人员所承担的社会责任。摩托车维修职业所承担的社会责任具体讲就是对摩托车技术状况负责、对托修方负责，必须具备高度的对客户负责的职业情感。只有具备了这种情感，才能主动地、自觉地为托修方服务。在摩托车维修职业活动中，对学习掌握维修技术缺乏积极性、维修工作马马虎虎、维修质量低劣等现象，就是缺乏这种职业情感的具体反映。

## 二、摩托车维修行业职业守则

摩托车维修生产任务的完成质量直接影响道路运输的状况，影响人民群众的利益和生命安全以及国家财产的安全。摩托车维修人员从事生产活动过程中，直接或间接地与顾客或车主进行面对面的交往，还经常同社会其他职业（如摩托车配件经营行业等）发生直接联系，这就要求从业者具有良好的职业道德。

1. 遵守法律、法规和有关规定。
2. 爱岗敬业，忠于职守，自觉履行各项职责。
3. 工作认真负责，严于律己。
4. 刻苦学习，钻研业务，努力提高思想觉悟和科学文化素养。
5. 谦虚谨慎，团结协作，主动配合。
6. 严格执行工艺规范，保证质量。
7. 重视安全、环保，坚持文明生产。
8. 听从领导，服从分配。

## 三、摩托车维修职业相关法律、法规

### 1.《机动车维修管理规定》

《机动车维修管理规定》是根据《中华人民共和国道路运输条例》及有关法律、行政法规的规定而制定，主要目的是为规范机动车维修经营活动，维护机动车维修市场秩序，保护机动车维修各方当事人的合法权益，保障机动车运行安全，保护环境，节约能源，促进机动车维修业的健康发展。从事机动车维修经营的，应当遵守本规定。机动车维修经营者应当依法经营，诚实信用，公平竞争，优质服务。机动车维修管理，应当公正、公开和便民。任何单位和个人不得封锁或者垄断机动车维修市场。鼓励机动车维修企业实行集约化、专业化、连锁经营，促进机动车维修业的合理分工和协调发展。鼓励推广应用机动车维修环保、节能、不解体检测和处理故障技术，推进行业信息化建设和救援、维修服务网络化建设，提高机动车维修行业整体服务水平，满足社会需要。

2．《中华人民共和国道路交通安全法》

《中华人民共和国道路交通安全法》是我国第一部全面规范道路交通参与人权利和义务关系的基本法律，制定《中华人民共和国道路交通安全法》的主要意义是为了维护道路交通秩序，预防和减少交通事故，保护人身安全，保护公民、法人和其他组织的财产安全及其他合法权益，提高通行效率。中华人民共和国境内的车辆驾驶人、行人、乘车人以及与道路交通活动有关的单位和个人，都应当遵守《中华人民共和国道路交通安全法》。

（1）摩托车驾驶员的防护措施。行车前要认真检查，行驶要集中精力，遇到紧急情况要沉着冷静。行驶过程中应文明驾驶，宁停三分不抢一秒，保证安全。

（2）交通法规。交通法规是指拥有立法权的国家机关，依照立法程序颁布的有关道路交通管理、车辆管理、道路交通事故处理的带有强制约束力的规范性文件的总称。交通法规的立法原则是：综合治理的原则；车辆、行人各行其道的原则；车辆靠右通行的原则；对机动车、非机动车、行人管理并重的原则。

交通法规的主要内容有：车辆和驾驶人、道路通行条件、道路通行规定、交通事故处理、执法监督、法律责任。例如，国际标准化组织（ISO）制定的安全信息国际标准的交通标志色见表1-1，我国的安全标志见表1-2。

表1-1　　　　　　　　交通标志色（ISO）

| 标志类 | 禁令 | 警告 | 指示 | 安全 |
| --- | --- | --- | --- | --- |
| 标志色 | 红色 | 黄色 | 蓝色 | 绿色 |
| 含义或用途 | 用于危险性最大、强制性最强的禁令 | 表示危险 | 用于强制性较强的指示 | 表示安全 |

表1-2　　　　GB 2894—2008中的"安全标志"规定

| 标志类 | 标志图案与颜色 | 图例 |
| --- | --- | --- |
| 禁止 | 白色底，黑体表示禁止内容，外用红色圆围住，过圆心一斜红表示禁止 | 禁止吸烟 |
| 警告 | 黄色底，上置黑三角形，三角形内黑体表示警告内容 | 注意安全 |
| 指令 | 蓝色圆，内置白色指令内容 | 必须戴防护眼镜 |
| 提示 | 绿色方底，内置白色提示内容 | 紧急出口 |

### 3.《中华人民共和国劳动法》和《中华人民共和国劳动合同法》

《中华人民共和国劳动法》和《中华人民共和国劳动合同法》是国家颁布的法规性文件，其作用是保护劳动者合法权益，调整劳动关系，建立和维护适应社会主义市场经济的劳动制度，促进经济发展和社会进步。劳动法具体落实了劳动者劳动的权利，休息的权利，获得报酬、参加民主管理、组织工会等在宪法中确认的基本权利。劳动法所规定的内容是生产力运行规则的重要组成部分。劳动法通过维护和发展劳动关系间接促进生产力的发展。摩托车维修从业人员，必须认真学习和领会其精神。

从事摩托车维修行业的人员，跟其他行业的人员一样，都必须按国家规定的要求，与用人单位签订劳动或劳务合同，相互约束，相互尊重，建立公平、互利、自愿的，且不得损害第三方以及社会、国家利益的劳动关系。

## 模块三　安全生产知识

安全生产是指在劳动生产过程中的人身安全、设备和产品安全以及交通运输安全等。《中华人民共和国安全生产法》确定的安全生产管理基本方针为"安全第一、预防为主、综合治理",要求在生产过程中,必须坚持"以人为本"的原则;在生产与安全的关系中,一切以安全为重,安全必须排在第一位,安全为了生产,生产必须安全。

## 一、防火、防爆常识

### 1. 常见易燃品

摩托车维修职业常见易燃品主要是易燃液体,易燃液体主要有汽油、煤油、乙醇等,此类易燃液体应储存在阴凉通风处并专仓储存,周围严禁烟火,要远离火种、热源、氧化剂等。维修工作业或车主在维修场所逗留时,严禁吸烟。试车打火附近应干净整洁,无易燃液体存留。

### 2. 常见易爆物品

爆炸是物质从一种状态通过物理的或化学的过程突然变成另一种状态,并放出巨大能量而做机械功的过程。常见的爆炸品有雷管、黑火药、导火索、炸药和爆炸性药品等。这些爆炸物品必须严加保管,按规定储存和运输。摩托车维修作业中蓄电池的充、放电,应在专门的场所,标注出明显的警告标识,并尽量防止充电过量现象发生。

### 3. 常用防火、防爆措施

防火、防爆的基本原理就是设法消除发生燃烧和爆炸的条件,控制可燃性物质，防止可燃气体、蒸气、可燃性粉尘和空气形成爆炸性混合物，消除着火源，隔绝空气，去掉助燃物质如氧气、氯气等。必须按照公安部的防火规范，对作业场所采取防火、防爆措施。

## 二、摩托车维修工安全操作要求

摩托车修理作业中必须严格遵守安全文明作业规程，以保障自身、他人及设备的安全和生产劳动的正常进行。摩托车维修工安全文明作业通常包括以下内容：

1. 良好的工作场地。工作场地要保持整齐、清洁。操作使用的工具、零件放置有序、稳固，以保证操作中的安全和方便；及时除去地面、设备和零件上的油污，不允许因不整洁而污染或影响下一次的维修操作。工作场地应通风良好，摩托车产生的尾气应能及时排出去，防止废气中毒。加强易燃品的安全使用和保管，作业场所不得存放汽油，机油和煤油的存放数量不宜超过 1 天的用量。

2. 设备完好性。使用的设备、工具要经常检查，发现有损坏应立即停止使用，待修好后再用。

3. 安全用电。使用电气设备时，必须严格遵守操作规程，防止触电事故。电气设备必须经常检查，发现隐患要及时排除。所有电气设备的机壳都应该有可靠的接地。如发现有人触电，应立即切断电源,进行抢救。做火花试验时,严格按操作规程,严禁发生电击等人身伤亡事故。

4. 摩托车需要支撑修理时,应把车辆支撑牢固。应经常检查主支架和侧支架的连接销和弹簧,防止摩托车倾倒。

5. 正确操作,防止事故发生。发动机高速运转的时间不能太长,否则将导致发动机过热。在起动困难的情况下,电起动或脚踏起动不能过于频繁,防止亏电或打伤脚。作业场所严禁使用汽油、酒精等揩抹各种设备、洗涤零件。

6. 蓄电池的保养。蓄电池充电时,溢出的氢气具有强爆炸性,故蓄电池附近严禁火花。电解液具有强腐蚀性,蓄电池搬动时,要轻拿轻放,不要歪斜,以免电解液流出溅到衣服或皮肤上。若电解液飞溅到皮肤上,应立即用清水冲洗。配制电解液时,应将硫酸慢慢倒入水中,严禁将水倒入硫酸中,否则将引起硫酸飞溅,甚至使溶液爆炸,造成人身事故。

7. 工作场地严禁烟火。禁止在汽油等易燃、易爆品附近做火花试验,禁止吸烟和使用有火花出现的物品。喷涂修理应在专门工房内进行,必须有专门的防火、防爆措施。

# 第2单元 摩托车维修基本知识

## 模块一 摩托车分类与编号

### 一、摩托车分类

我国参照国际标准及各国的分类方法,同时结合国内摩托车的生产、使用情况和发展的需要,将摩托车分为轻便摩托车和摩托车两大类。

**1. 轻便摩托车**

最高设计车速不超过 50 km/h,发动机总排量不超过 50 mL 的两轮或三轮机动车。

**2. 摩托车**

空车质量不超过 400 kg,最高设计车速超过 50 km/h 或发动机总排量超过 50 mL 的三轮机动车。

## 二、摩托车编号

### 1. 摩托车型号编制标准

根据 GB/T 5375—2006《摩托车和轻便摩托车型号编制方法》编制摩托车型号。

### 2. 型号编制方法

摩托车和轻便摩托车的型号由企业（或注册商标）代号、规格代号、类型代号、设计序号及企业自定代号组成，其构成形式如图 2-1 所示。

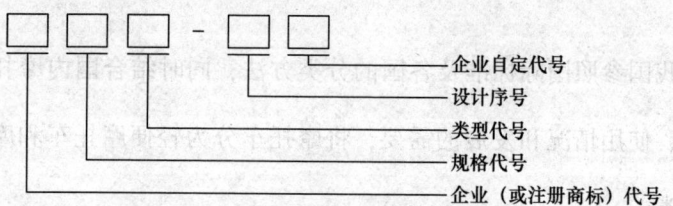

图 2-1　摩托车型号构成形式

（1）用企业（或注册商标）名称中的两个（或三个）汉字的大写汉语拼音首位字母表示企业（或注册商标）代号。

（2）用摩托车发动机名义排量表示规格代号。名义排量按表 2-1 的规定选用。

表 2-1　　　　　　　　发动机名义排量　　　　　　　　mL

| <50 | 50 | 60 | 70 | 80 | 90 | 100 | 110 | 125 | 150 | 175 | 200 | 250 | 300 |
|---|---|---|---|---|---|---|---|---|---|---|---|---|---|
| 350 | 400 | 500 | 600 | 650 | 700 | 750 | 800 | 900 | 1 000 | 1 100 | 1 200 | >1 200 | — |

注：<50 mL 排量的取实际排量的整数表示，>1 200 mL 排量的按实际排量表示。

（3）由摩托车和轻便摩托车种类代号和车型代号组合成类型代号。表 2-2 为类型代号。

（4）用阿拉伯数字 1、2、3……依次表示产品的设计序号，当设计序号为 1 时应省略。

表 2-2　　　　　　　　类型代号

| 种类 || 车型 || 类型代号 |
|---|---|---|---|---|
| 名称（L 类） | 代号 | 名称 | 代号 | |
| 两轮轻便摩托车（$L_1$ 类） | Q | 普通车 | P（省略） | Q |
| | | 踏板车 | T | QT |
| 正三轮轻便摩托车（$L_2$ 类） | QZ | 普通正三轮 | Z | QZ |
| | | 专用正三轮 | （自定） | （自定） |
| 两轮摩托车（$L_3$ 类） | L（省略） | 普通车 | P（省略） | P（省略） |
| | | 踏板车 | T | T |
| | | 公路越野车 | GY | GY |
| | | 越野车 | Y | Y |
| | | 场地赛车 | CS | CS |
| | | 公路赛车 | GS | GS |
| | | 越野赛车 | YS | YS |
| | | 拉力赛车 | LS | LS |
| | | 特种车 | （自定） | （自定） |
| 边三轮摩托车（$L_4$ 类） | B | 普通车 | P（省略） | B |
| | | 特种边三轮 | （自定） | （自定） |

续表

| 种类 | | 车型 | | 类型代号 |
|---|---|---|---|---|
| 名称（L类） | 代号 | 名称 | 代号 | |
| 正三轮摩托车（$L_5$类） | Z | 普通正三轮 客车 | K | ZK |
| | | 普通正三轮 货车 | H | ZH |
| | | 专用正三轮 | （自定） | （自定） |

注：L类车按 GB/T 15089 分类。

（5）企业自定义代号由企业根据需要选用大写汉语拼音字母或拉丁字母表示，位数自定，如"X"为消防车代号，"C"是残疾人用车代号，"D"是第四次改进的代号等。

## 三、摩托车发动机型号编制方法

根据 GB/T 253—2013《摩托车和轻便摩托车发动机型号编制方法》编制摩托车发动机型号。

摩托车发动机型号编制方法如图 2-2 所示。

例1：单缸，斜置式，二冲程，缸径 57 mm，自然风冷，摩托车用，名义排量 125 mL，燃油为汽油，第 1 次设计的发动机型号为 1E57FMI。

例2：单缸，卧式，四冲程，缸径 50 mm，自然风冷，摩托车用，名义排量 100 mL，燃油为汽油，第 3 次设计、改进的发动机型号为 1P50FMG-3A。

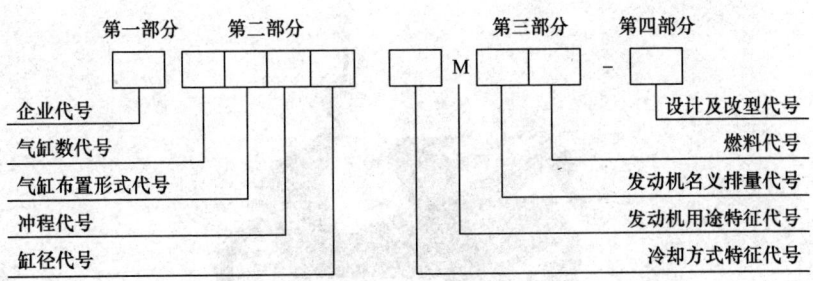

图 2-2 摩托车发动机型号编制方法

# 模块二 摩托车的总体结构及基本组成

## 一、摩托车的总体结构

摩托车种类较多，结构各异，车型不同，其结构也有所不同，但一般摩托车的总体结构以及主要部件的结构都有其共性，其作用原理也类似，摩托车的总体结构如图 2-3 所示。

## 二、摩托车的基本组成

一般情况下，摩托车可以分为以下五大部分：发动机，传动系

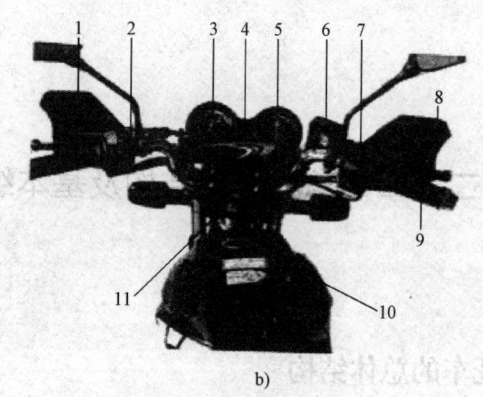

图 2-3 摩托车的总体结构

a) 踏板式摩托车 b) 跨骑式摩托车

1—离合器闸把 2—左手把开关 3—车速里程表 4—空挡指示灯
5—转速表 6—主液压缸 7—右手把开关 8—前制动闸把
9—油门握把 10—燃油箱盖 11—点火开关

统,操纵控制系统,行车系统,电气、仪表系统。

## 1. 发动机

发动机是使可燃混合气在气缸内燃烧,将热能转变为机械能的装置,是动力的源泉。发动机由机体、曲轴连杆机构、配气机构三大机构及燃料供给系统、进排气系统、冷却系统、润滑系统组成。

2. 传动系统

传动系统的作用是根据道路状况和行驶的需要,把发动机输出的动力或转速经过一定比例的变化,增大转矩或降低速度后传递给驱动轮,驱使摩托车行驶。

传动部分主要由离合器、变速器、二次传动装置等零部件组成。

3. 操纵控制系统

操纵控制系统的作用是直接控制行车方向、行驶速度、制动、照明和信号等,以使摩托车正常、安全地行驶。它包括方向把操纵总成、制动总成和起动装置等。

4. 行车系统

行车系统的作用是使摩托车构成一个整体,支承全车质量,并将传动系统传来的转矩转换成驱使摩托车行驶的牵引力;同时承受和缓冲路面作用于车轮上的各种反力,使摩托车在不同的路面上平稳且安全地行驶。

行车部分主要包括车架总成、前后减振器及前后轮。

5. 电气、仪表系统

摩托车电气系统包括电源系统、点火系统、电起动系统、照明系统与信号系统。仪表装置包括车速里程表、发动机转速表、燃油表、电流表等。

# 模块三 摩托车维修常用工具与量具

摩托车维修作业中使用的工具与量具很多，首先需要了解其结构和功用，才能正确地选用各种需要的工具与量具，如果选用得当并且操作正确，拆装摩托车也就很简单和快捷了。

## 一、通用工具

### 1. 扳手

扳手是一种用于拧紧或旋松螺栓、螺母等紧固件的装卸用手工工具。根据工作类型选择扳手的优先顺序，依次为套筒扳手、梅花扳手、呆扳手、活扳手、扭力扳手、内六角扳手。

（1）套筒扳手。如图2-4所示，套筒扳手是由多个带六角孔或十二角孔的套筒并配有手柄、连接杆等多种附件组成的，特别适用于拧转空间十分狭小或凹陷很深处的螺栓或螺母。套筒扳手的套筒头是一个凹六角形的圆筒；套筒扳手通常由碳素结构钢或合金结构钢制成，套筒扳手头部具有较高的硬度，中间及手柄部分则具有一定韧性。

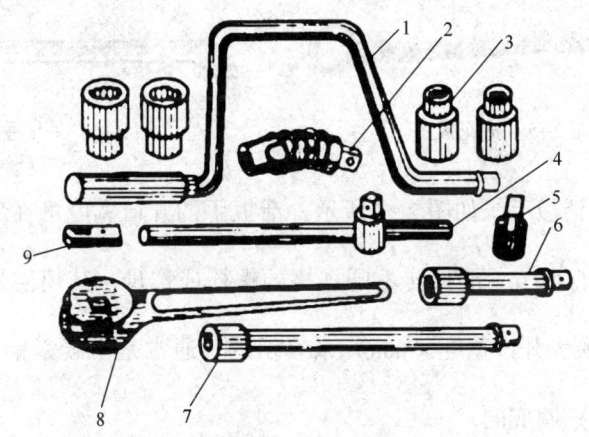

图 2-4　套筒扳手

1—快速摇柄　2—万向接头　3—套筒头　4—滑头手柄　5—旋具接头
6—短接杆　7—长接杆　8—棘轮手柄　9—直接杆

（2）梅花扳手。如图 2-5 所示，梅花扳手两端具有带六角孔或十二角孔的工作端，适用于工作空间狭小，不能使用普通扳手的场合。与呆扳手相比，梅花扳手强度高，使用时不易滑脱，但套上、取下不方便。其规格以闭口尺寸 $S$（mm）来表示，通常用 45 钢或 40Cr 钢锻造，并经热处理制成。

（3）呆扳手。如图 2-6 所示，呆扳手是最常见的一种扳手，其一端或两端制有固定尺寸的开口，用以拧转一定尺寸的螺母或螺栓。呆扳手的开口大小一般是根据标准螺母的尺寸而定的，其规格是以两端开口的宽度 $S$（mm）来表示的，通常用45钢锻造，并经热处理而成。

图 2-5　梅花扳手　　　　　图 2-6　呆扳手

（4）活扳手。如图 2-7 所示，活扳手的开口宽度可在一定尺寸范围内进行调节，能拧转不同规格的螺栓或螺母。其规格是以长度（mm）×最大开口宽度（mm）来表示的，通常是由碳素钢（T）或铬钢（Cr）制成的。

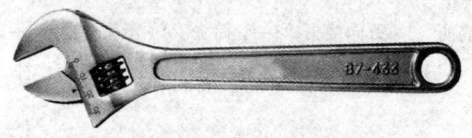

图 2-7　活扳手

（5）扭力扳手。如图 2-8 所示，扭力扳手在拧转螺栓或螺母时，能显示出所施加的扭矩；或者当施加的扭矩到达规定值后，会发出光或声响信号。扭力扳手适用于对扭矩大小有明确规定的装配工作。

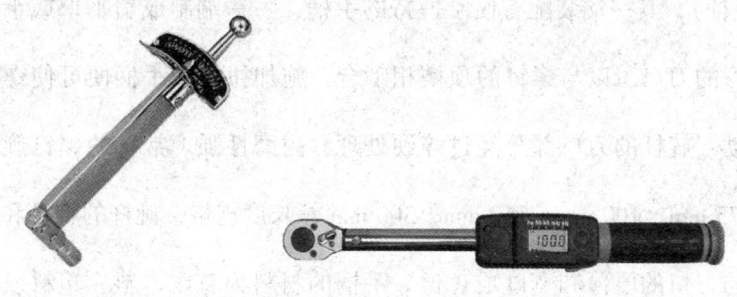

图 2-8 扭力扳手

（6）内六角扳手。如图 2-9 所示，内六角扳手为"L"形的六角棒状扳手，专用于拧转内六角螺栓。其规格以六角形对边尺寸表示，有 3~27 mm 尺寸的 13 种，维修作业中使用成套的内六角扳手拆装 M4~M30 的内六角螺栓。

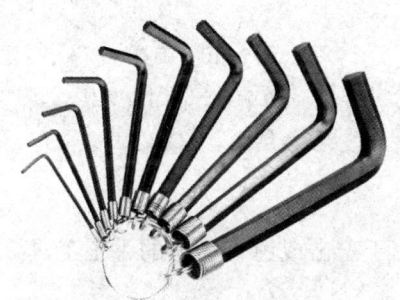

图 2-9 内六角扳手

2. 旋具

旋具是一种用来拧紧或旋松机用螺钉、木螺钉以及自攻螺钉的手工工具，俗称螺丝刀、起子、改锥。它的主体是韧性的钢制圆杆

（旋杆），其一端装配有便于握持的手柄，另一端制成扁平形或十字尖形的刀口，以与螺钉的顶槽相啮合，施加扭力于手柄便可使螺钉转动。旋杆的刀口部分经过淬硬处理，耐磨性强。常见的螺钉旋具有 75 mm、100 mm、150 mm、300 mm 等长度规格，旋杆的直径和长度与刀口的厚薄和宽度成正比。手柄的材料为直纹木料、塑料或金属。螺钉旋具一般按旋杆顶端的刀口形状分为一字旋具、十字旋具、六角旋具等数种，分别旋拧带有相应螺钉头的螺钉。其中以一字旋具和十字旋具最为常用，如图 2-10 所示。

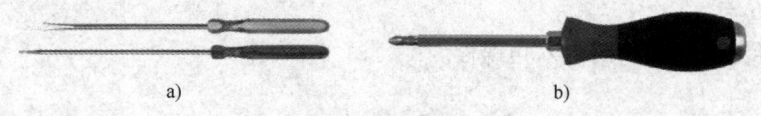

图 2-10　旋具

a）一字旋具　b）十字旋具

### 3. 锤子

锤子是一种用于敲击或锤打物体的手工工具。锤子由锤头和握持手柄两部分组成。锤子的使用极为普遍，其形式、规格很多，常用的有圆头锤、羊角锤、斩口锤和什锦锤等，如图 2-11 所示。

挥锤的方法有腕挥、肘挥和臂挥三种，如图 2-12 所示。腕挥时仅用手腕的动作进行锤击运动，锤击力小，但准、快、省力。肘挥时手腕与肘部一起挥动，锤击力介于腕挥和臂挥之间。臂挥时用手腕、肘和全臂一起挥动，锤击力最大。

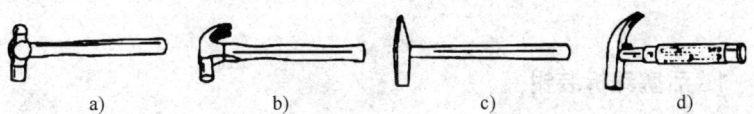

图 2-11　常用的锤子
a）圆头锤　b）羊角锤　c）斩口锤　d）什锦锤

图 2-12　锤子的挥法
a）腕挥　b）肘挥　c）臂挥

4. 钳子

钳子是一种用于夹持、固定加工工件或者扭转、弯曲、剪断金属丝线的手工工具。钳子的外形呈 V 形，通常包括钳柄、钳腮和钳口 3 个部分，如图 2-13 所示。

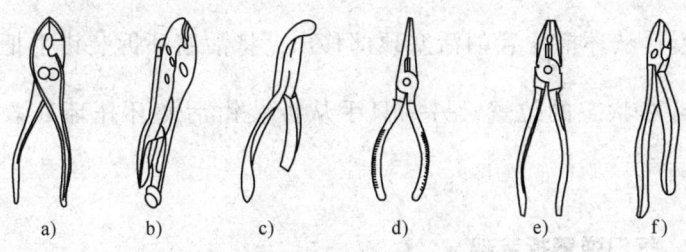

图 2-13　常用的钳子
a）鲤鱼钳　b）夹紧钳　c）钩钳　d）尖嘴钳　e）钢丝钳　f）剪钳

## 二、专用工具

### 1. 活塞环拆装钳

活塞环拆装钳是一种专门用于拆装活塞环的工具,如图2-14所示。

安装活塞环的方法:在使用活塞环拆装钳时,将活塞环平稳放置在活塞环拆装钳托环上,并将活塞环拆装钳上的环卡卡住活塞环开口,轻握手柄稍均匀地用力,并使手把慢慢收缩,将活塞环慢慢胀开,然后把胀开了的活塞环慢慢放在环槽位置,将活塞环拆装钳手把轻轻放回自然状态的位置,使活塞环落入活塞环槽中,取出活塞环拆装钳。

拆卸活塞环的方法:用手将活塞环拆装钳套住活塞并平稳放置在需要拆卸的活塞环处,将活塞环拆装钳上的环卡卡住活塞环开口而后使手把慢慢收缩,将活塞环慢慢胀开,然后把胀开了的活塞环慢慢从环槽位置朝活塞顶部移出,将活塞环拆装钳手把轻轻放回自然状态的位置,另一只手从拆装钳活塞环托环处取出活塞环。

### 2. 气门弹簧拆装架

气门弹簧拆装架是一种专门用于拆装顶置气门弹簧的工具,如

图 2-15 所示。在使用时，将气门弹簧拆装架托架抵住气门，压环对正气门弹簧座，然后旋转扳手带动螺杆压下手柄，使得气门弹簧被压缩。这时可取下气门弹簧锁销或锁片，慢慢地松抬手柄，即可取出气门弹簧座、气门弹簧和气门等。

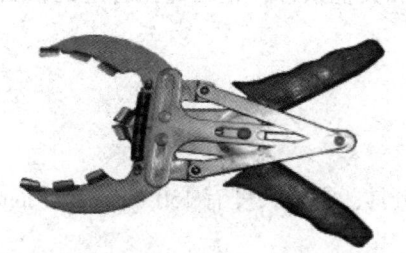
图 2-14 活塞环拆装钳

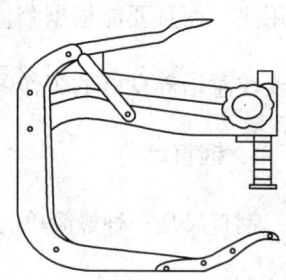
图 2-15 气门弹簧拆装架

## 3. 拉拔器

拉拔器是用于拆卸过盈配合安装在轴上的齿轮或轴承等零件的专用工具。常用拉拔器为手动式，在一杆式弓形叉上装有压力螺杆和拉爪。使用时，在轴端与压力螺杆之间垫一垫板，用拉拔器的拉爪钩住齿轮或轴承，然后拧紧压力螺杆，即可从轴上拉下齿轮等过盈配合安装的零件，如图 2-16 所示。

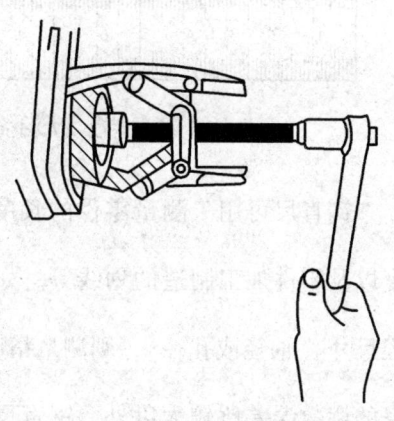
图 2-16 拉拔器

### 三、常用维修量具

摩托车修理时要求使用各种测量量具或仪器,这些量具只有使用得当才能保证工作安全和测量准确。因此不仅要了解量具的功能和用法,而且要能根据测量对象和其他条件,正确选择合适的量具,还要注意培养良好的工作习惯。

#### 1. 钢直尺

钢直尺是一种最简单的长度量具,它的长度有 150 mm、300 mm、500 mm 和 1 000 mm 四种规格,外形如图 2-17 所示,一般分度值为 1 mm,标度单位为 cm,读数时可以准确读到 mm 位,mm 位以下的数值是估计值。

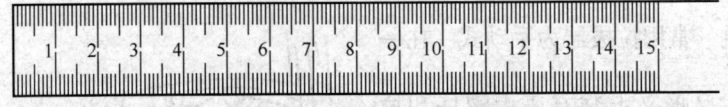

图 2-17　150 mm 钢直尺

钢直尺可用于测量零件的长度、螺距、宽度、内外孔直径、深度以及零件加工制造的划线等。如果用钢直尺直接去测量零件的直径尺寸(轴径或孔径),则测量精度较低。其原因是,除了钢直尺本身的读数误差比较大以外,钢直尺无法正好放在零件直径的正确位置。因此，零件直径尺寸的测量一般利用钢直尺和内外卡钳配合起来进行。

## 2. 卡钳

卡钳是间接读数量具。按用途不同，卡钳分为内卡钳和外卡钳两种。图2-18所示为常见的内、外卡钳。内卡钳用来测量内径和凹槽，外卡钳用来测量外径和平行面距离。它们本身都不能直接读出测量结果，而是把测量得到的结果，在钢直尺上进行读数，如图2-19所示；或在钢直尺上先量取所需尺寸，再去检验零件的尺寸是否符合。

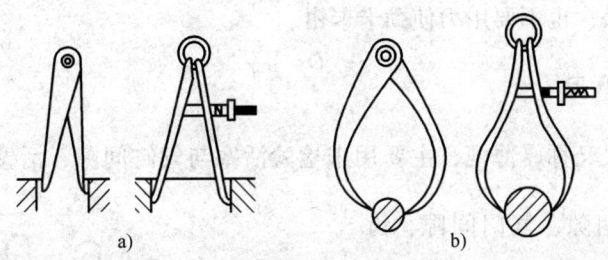

图2-18　常用的卡钳
a) 内卡钳　b) 外卡钳

测量时操作卡钳的方法对测量结果影响很大。正确操作卡钳的方法如下：

（1）用内卡钳时，用拇指和食指轻轻捏住卡钳的销轴两侧，将

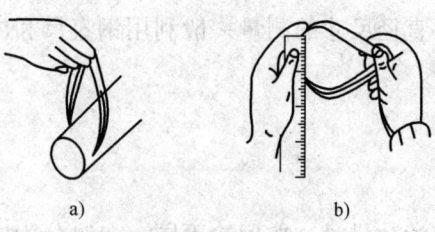

图 2-19 卡钳的使用

a) 测量　b) 读数

卡钳送入孔或槽内。

（2）用外卡钳时，用右手的中指挑起卡钳，用拇指和食指撑住卡钳的销轴两边，使卡钳在自身的重力作用下两量爪滑过被测表面。卡钳与被测表面的接触情况凭手的感觉控制，有轻微接触感即可，不宜过松，也不要用力使劲卡卡钳。

3. 塞尺

塞尺又称厚薄规，主要用来检验活塞与气缸间隙、活塞环槽与活塞环间隙、气门间隙、齿轮啮合间隙等。塞尺是由许多厚薄不一的薄钢片组成的，如图 2-20 所示，每个薄片具有两个平行的测量平面，且都有厚度标记，以供组合

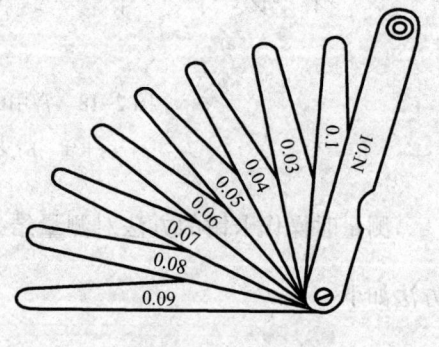

图 2-20 塞尺

使用。

测量时,根据接合面间隙的大小,用一片或数片重叠在一起塞进间隙内。例如,用0.04 mm的一片能插入间隙,而0.05 mm的一片不能插入间隙,这说明间隙在0.04~0.05 mm,所以塞尺也是一种极限量规。

4. 游标卡尺

游标卡尺可以测量内外尺寸、深度、孔距、环行壁厚和沟槽,其分度值分为0.10 mm、0.05 mm和0.02 mm三种,其测量范围有0~125 mm、0~150 mm、0~200 mm、0~300 mm等。其结构如图2-21所示。

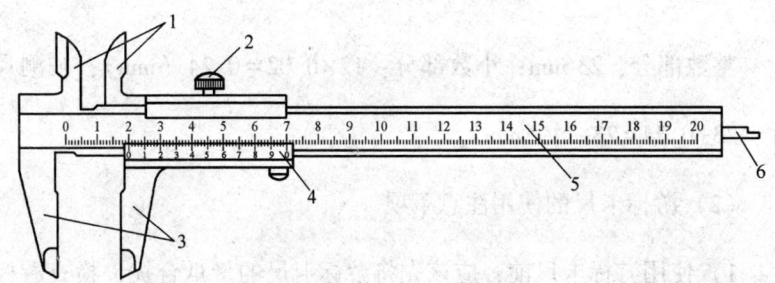

图2-21 游标卡尺的结构
1—内测量爪 2—固定螺钉 3—外测量爪 4—游标 5—尺身 6—深度尺

(1) 游标卡尺的读数方法

1) 先读整数。看游标零线的左边,尺身上与游标零线最近的一条刻线的数值,即被测尺寸的整数部分。

2)再读小数。看游标零线的右边,游标第 $n$ 条刻线与尺身刻线对齐,则被测尺寸的小数部分为 $ni$ [简单判断游标卡尺分度值的方法:先确定游标上的格数 $n$(可直接读出),再计算分度值,等于游标格数的倒数,即 $i=1/n$]。

3)得出被测尺寸。整数部分+小数部分。

例如,读出如图 2-22 所示游标卡尺的读数。

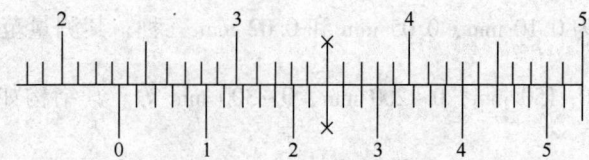

图 2-22 游标卡尺(分度值为 0.02 mm)的读数

整数部分:23 mm;小数部分:12×0.02=0.24(mm);被测尺寸:23+0.24=23.24(mm)。

(2)游标卡尺的使用注意事项

1)使用游标卡尺前,应该先将游标卡尺的量爪合拢,检查游标的零线和尺身的零线是否对齐。若对不齐,则说明卡口有零误差,应调零。

2)推动游标时,不要用力过猛,卡住被测物体时松紧应适当,绝不能卡住物体后再移动物体,以防卡口受损。

3）用完后游标卡尺两量爪间要留有间隙，绝不可将游标固定螺钉锁定，然后将游标卡尺放入包装盒内；游标卡尺不能随便放在桌上，更不能放在潮湿的地方。

## 5. 千分尺（螺旋测微器）

千分尺是一种比游标卡尺更精密的量具，其测量精度为 0.01 mm。千分尺测微螺杆的移动量为 25 mm，所以千分尺的测量范围一般为 25 mm。为了使千分尺能测量更大范围的长度尺寸，以满足工业生产的需要，将千分尺的尺架做成各种尺寸，形成不同测量范围的千分尺。千分尺的测量范围有 0～25 mm、25～50 mm、50～75 mm 等规格。千分尺分为外径千分尺和内径千分尺，外径千分尺如图 2-23 所示。

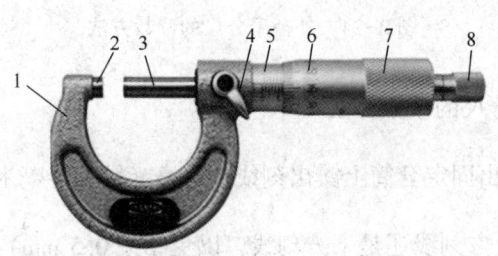

图 2-23 外径千分尺
1—尺架 2—砧座 3—测微螺杆 4—锁紧装置 5—固定套筒
6—微分筒 7—旋钮 8—测力装置

千分尺主要由尺架、测量装置、测力装置和锁紧装置等组成。

一般千分尺均附有调零的专用小扳手,测量下限不为零的千分尺,还附有用于调整零位的标准棒。

外径千分尺的读数方法如图2-24所示。外径千分尺固定套筒上有两组刻线,两组刻线之间的横线为基线,基线以下为毫米刻线,基线以上为半毫米刻线;微分筒上沿圆周方向有50条刻线,每一条刻线表示0.01 mm。

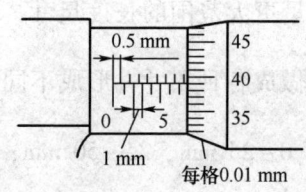 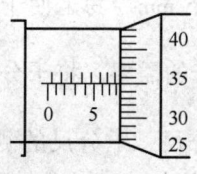

固定套筒计数:7.5 mm　　　　　　　固定套筒计数:8.0 mm
微分筒读数:39×0.01=0.39(mm)　　微分筒读数:3.5×0.01=0.35(mm)
被测尺寸:7.5+0.39=7.89(mm)　　　被测尺寸:8.0+0.35=8.35(mm)

图2-24　外径千分尺的读数方法

(1) 千分尺的读数方法

1) 先读出固定套筒上露出刻线的整毫米数和半毫米数(注意看清露出的是上方刻线还是下方刻线,以免相差0.5 mm)。

2) 看准微分筒上哪一格与固定套筒纵向刻线对准,将此刻线的序号乘以0.01 mm,即为小数部分的数值。

3) 上述两部分读数相加,即为被测工件的尺寸。

(2) 千分尺的使用注意事项

1）校对零点。将砧座与测微螺杆接触，看圆周刻度零线是否与纵向中线对齐，且微分筒左侧棱边与尺身的零线重合，如有误差应调整。

2）合理操作。手握尺架，先转动微分筒，当测微螺杆快要接触工件时，必须使用端部棘轮，严禁再拧微分筒。当棘轮发出"嗒嗒"声时应停止转动。

3）防止回程误差。由于螺杆和螺母不可能完全密合，螺旋转动方向改变时它的接触状态也改变，因而两次读数将不同，由此产生的误差叫回程误差。为防止此误差，测量时应向同一方向转动，使十字线和目标对准，若移动十字线超过了目标，就要多退回一些，重新再向同一方向转动。

6. 百分表

百分表常用来测量机器零件的各种形状偏差和表面相互位置偏差，也可测量工件的长度尺寸。其具有外廓尺寸小、质量轻和使用方便等特点。

百分表的工作原理是，将测量杆的直线位移，经过齿条和齿轮传动转变为指针的角位移，百分表的刻度盘圆周刻成 100 等份，其分度值为 0.01 mm，当大指针转动 1 周时，测量杆的位移为

1 mm，表盘和表圈是一体的，可任意转动，以便使指针对正零位，小指针用以指示大指针的回转圈数。常见百分表的测量范围为0~3 mm、0~5 mm 和 0~10 mm 等。百分表的结构如图 2-25 所示。

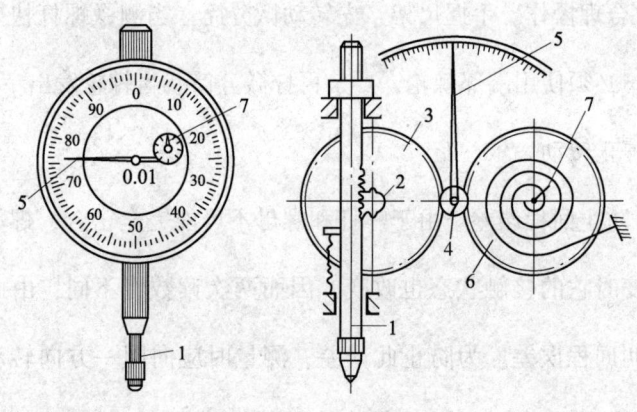

图 2-25　百分表的结构
1—测量杆　2、4—小齿轮　3、6—大齿轮　5—大指针　7—小指针

使用时，百分表一般要固定在表架上，如图 2-26 所示。在用百分表进行测量时，必须首先调整表架，使测量杆与零件表面保持垂直接触且有适当的预缩量，并转动表盘使指针对正表盘上的"0"刻度线，然后按一定方向缓慢移动或转动零件，测量杆则会随零件表面的移动自动伸缩。当测量杆伸长时，表针沿顺时针方向转动，读数为正值；当测量杆缩短时，表针沿逆时针方向转动，读数为负值。

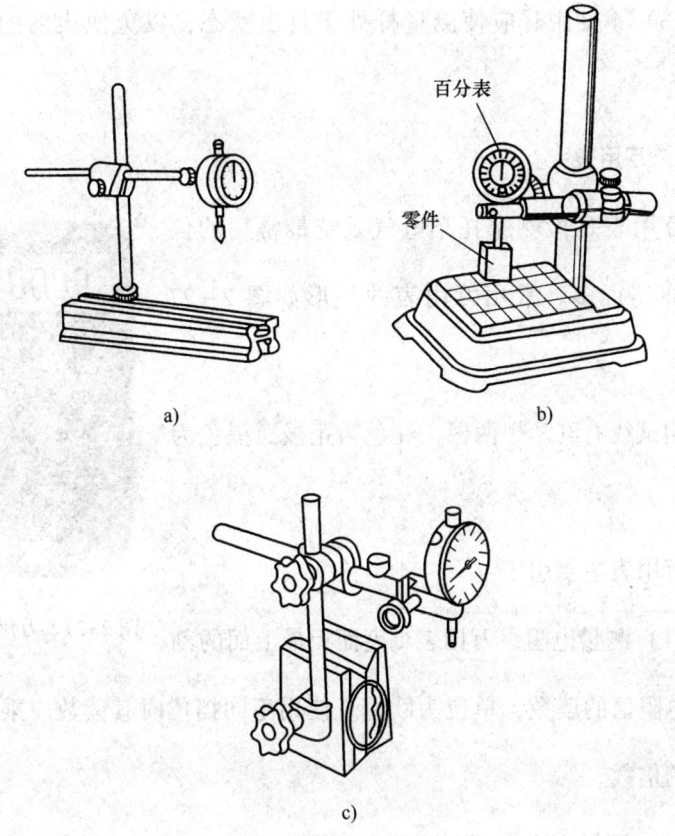

图 2-26 安装在表架上的百分表
a）普通表架 b）万能表架 c）磁性表座

百分表的使用注意事项如下：

（1）使用前应检查测量杆的灵活性。

（2）要严格防止水、油和灰尘渗入表内，测量杆上也不要加油，免得粘有灰尘的油污进入表内，影响表的灵活性。

(3)不使用时应使测量杆处于自由状态,以免使表内的弹簧失效。

### 7. 万用表

万用表是检测摩托车电气系统最常用的仪表,种类很多。常用万用表的外形如图2-27所示。

测试线有红、黑两根,红色为正极,黑色为负极。

万用表主要用于:

(1)测量电阻。万用表刻度面板最上面的刻度为电阻值的读数,单位为欧姆。使用不同挡位时其读数应乘以该挡位的倍数。

图2-27 万用表

(2)测量直流电压。万用表刻度上面的"DCV"刻度为直流电压值读数,单位为伏特。

(3)测量交流电压。万用表刻度上面的"ACV"刻度为交流电压值读数,单位为伏特,分为三挡,使用不同挡位按相应挡位读数。

(4)测量直流电流。万用表刻度上面的"DCA"刻度为直流电流值读数,单位为安。分为两挡,其最大量值分别为5 A和10 A。

# 第3单元 摩托车维护作业

## 模块一 摩托车一级维护作业

摩托车一级维护作业通常也称摩托车保养，分为一级保养、二级保养和三级保养。

摩托车一级维护作业的行驶里程一般为 1 000~2 000 km，是以润滑运动副和紧固外露螺栓、螺母为主的保养。

根据摩托车的磨损规律，做好摩托车的保养工作是保证摩托车有一个良好的性能指标的基础，它对延长摩托车的使用寿命有着重要的意义。磨合里程一般规定为 1 000 km，并分为三个阶段，第一阶段为 0~300 km，第二阶段为 300~600 km，第三阶段为 600~1 000 km。

## 技能1 摩托车磨合Ⅰ期保养技能

第一阶段保养——摩托车磨合Ⅰ期保养。第一阶段保养以磨合为主,具体操作步骤如图3-1所示。

1. **预热发动机**

摩托车起步之前或发动机起动之后,要将发动机预热3~5 min,使机油运转到零件的运动部位,发动机燃烧室温度升高,以利于燃油的完全燃烧,如图3-1a所示。

2. **控制速度**

控制发动机的转速和整车的车速,发动机的转速控制在最高转速的40%~50%,不能让发动机在某一转速下长期运转;不能开足油门,也不能剧增油门或剧减油门,如图3-1b所示。

3. **正确换挡**

摩托车起步以后,应迅速地换入较高挡位行驶,如图3-1c所示。

4. **控制负载**

在初期磨合阶段,负载质量应在最大载荷的50%以内,严禁超载或超负荷,如图3-1d所示。

5. 正确制动

新车磨合期内,在制动之前一定要尽量先减油门,让摩托车充分地减速,然后,再柔和地使用后、前制动装置,应尽量避免紧急制动、发动机工作时制动和长时间制动,如图 3-1e 所示。

图 3-1 保养操作步骤

a) 预热发动机 b) 控制速度 c) 正确换挡

d) 控制负载 e) 正确制动

> **小知识**
>
> **摩托车磨合**
>
> 新出厂的摩托车,其发动机的零部件及整台机器,虽然按照技术规定要求和组装工艺进行选配和组装,但由于零部件加工、齿轮与齿轮啮合、轴与孔配合均存在不同程度的形状误差,虽然误差极其微小,但由于误差的存在,发动机均有不同程度的阻滞力,也就带来了不应有的机械损失,因而给发动机带来了不应有的负载,从而使得发动机的输出功率难以发挥最大值。因此,新摩托车的传动零部件应经过一段时间的运转摩擦,使得接合与啮合面的接触非常吻合、表面比较光洁,这个过程叫作磨合。

## 技能2 摩托车磨合Ⅱ期保养技能

第二阶段保养——摩托车磨合Ⅱ期保养。第二阶段保养主要是以检查为目的的保养,具体操作步骤如图3-2所示。

1. 四冲程发动机勤换机油,如图3-2a所示。一般300~400 km换一次;二冲程混合式发动机的机、燃油混合比中机油的比例要随着里程数的增加慢慢降低,分离式润滑的摩托车按供油量先大后小的原则供油。

2. Ⅱ期必须对空气滤清器（以下简称空滤器）进行清洗，对于长期在尘埃环境下运行的摩托车可提前进行清洗，泡沫塑料湿式滤芯清洗的具体操作方法如图 3-2b 所示，在专用清洗剂或煤油盛具里轻轻挤压滤芯，直至把脏物洗掉为止。

3. 电气设备通常采用插接式连接，随着摩托车运行抖动，常常会被振动松脱，所以必须定期检查电气设备，紧固各线路接头，如图 3-2c 所示。

4. 摩托车上各零件之间大多数采用螺纹连接，尽管关键连接件采取了锁紧的措施，但随着摩托车运行时间的增加，车况将越发下降，各连接件也将出现松动或脱落的现象，故需定期对紧固连接件进行检查并加以紧固，如各连接处的螺栓、螺母，如图 3-2d 所示。

5. 定期检查车轮运行情况，如轮胎胎面、轮胎硬软程度、轮胎气压等，可直接观察，也可用气压表测试胎压，最简单的方法是在气门嘴处涂抹肥皂水用以观察漏气情况，如图 3-2e 所示。

6. 用双手握住方向把，左右转动到左右止点，检查转向操作灵活程度，不得出现任何卡滞现象，如图 3-2f 所示。

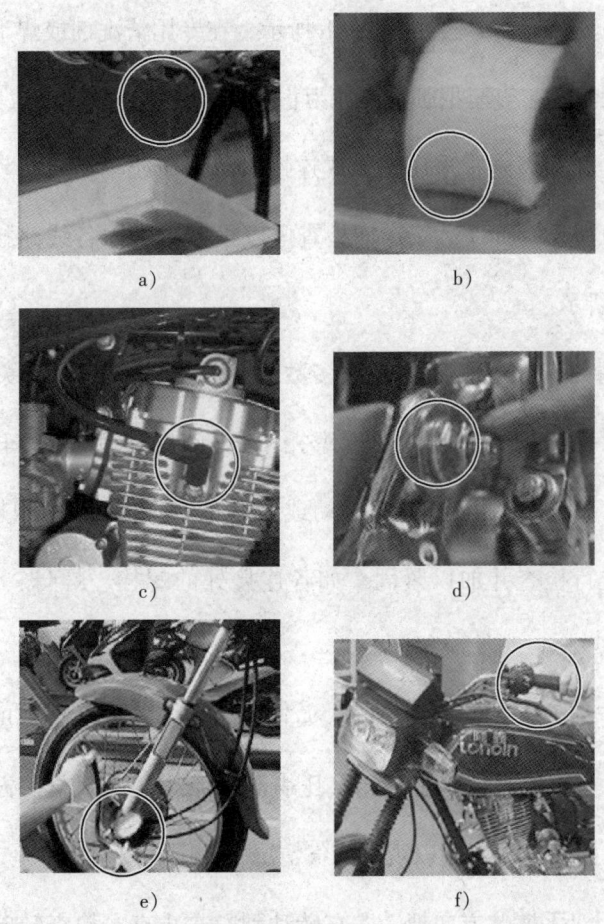

图 3-2 检查保养操作步骤
a) 更换机油 b) 清洗空滤器滤芯 c) 紧固电气接头
d) 检查紧固件 e) 检查车轮 f) 检查转向

> **小知识**
>
> ### 四冲程汽油发动机的工作原理
>
> 四冲程汽油发动机的一个工作循环由四个行程组成,即曲轴旋转两圈,活塞在气缸中往返两次,完成进气、压缩、燃烧、排气四个行程。
>
> 1. 第一行程——进气行程
>
> 活塞从上止点向下止点移动,此时进气门开启,排气门关闭。随着活塞的下移,气缸内容积增大,压力降低。当低于大气压时,经化油器雾化后的可燃混合气,通过进气门而被吸入气缸内。当活塞到达下止点时,整个气缸内便充满了可燃混合气。为了使可燃混合气充分进入气缸,进气门总是在活塞从上止点下行前就逐渐开启,在活塞到达下止点后才关闭。
>
> 2. 第二行程——压缩行程
>
> 活塞由下止点向上止点移动,此时进气门开始关闭,排气门仍处在关闭状态。随着活塞的上移,气缸内容积缩小,可燃混合气受到压缩,其压力和温度升高。当活塞接近上止点时,可燃混合气被火花塞点燃并开始燃烧。
>
> 3. 第三行程——燃烧行程
>
> 活塞从上止点向下止点移动,此时进、排气门均关闭。在压缩行程终点被点燃的可燃混合气在活塞通过上止点后迅速燃烧并膨胀,使燃烧室内的压力和温度急剧升高而产生动力,推动活塞向下移动,并通过连杆带动曲轴旋转,发动机输出功率。
>
> 4. 第四行程——排气行程
>
> 飞轮的惯性作用使曲轴继续转动,带动活塞由下止点向上止点移动,此时

进气门关闭，排气门开启。随着活塞的上移，气缸内燃烧后的废气从排气门排出。这一过程直到活塞到达上止点附近进气门再度开启、排气门关闭为止。至此发动机完成一个工作循环。

四冲程发动机，曲轴每转动两圈完成一个工作循环，做一次功，如此周而复始地循环，发动机便可持续运转下去，并不断输出功率。在四个行程中，只有第三行程即燃烧行程推动活塞做功，其他三个行程是为完成做功做准备的辅助行程。

## 技能3　摩托车磨合Ⅲ期保养技能

第三阶段行驶中，因为各运动零件已基本磨合好，所以主要对摩托车进行调整性的保养工作，具体操作步骤如图3-3所示。

1. 检查蓄电池，操作方法如图3-3a所示，采用万用表对蓄电池进行测试，注意表针连接时正极对正极，负极对负极，如果电量不足，需及时进行充电。

2. 拆下火花塞进行检查，如果积炭过多，需用竹刮片或塑料刮片清除火花塞上的积炭；如果电极间隙过大或过小，则需调整火花塞的间隙。

调整间隙时，可用一字旋具轻轻撬动电极到合适的间隙值，也可用专用工具轻轻扳动侧电极至合适间隙值，具体操作方法如图 3-3b 所示。

3. 在发动机冷态时，检查并调整发动机气门间隙，操作方法如图 3-3c 所示，采用规定间隙的塞尺厚度插进气门尾部端面和调整螺钉之间的缝隙，当感觉有阻力时气门间隙为合格，不合适则调整锁紧螺母和调整螺钉。

4. 检查并进行怠速调整，操作方法如图 3-3d 所示，用一字旋具直接旋动图 2-3d 处的调整螺钉，微微调动并观察转速变化，直到合适为止。

5. 检查油门握把转动的灵活性并调整自由行程，操作方法如图 3-3e 所示，在油门操纵钢索调整螺管处松开开口螺母，调整螺管即可得到合适的自由行程，最后固定开口螺母。

6. 检测并进行离合器自由行程调整，操作方法如图 3-3f 所示，用呆扳手松开锁紧螺母，转动调节螺杆到合适自由行程，最后拧紧锁紧螺母。

7. 检测并进行制动闸把和制动踏板自由行程调整，操作方法如图 3-3g 所示，调整后制动螺杆时，用手拉出调节螺母于 U 形槽外，直接旋动调整螺母，沿顺时针方向旋转为缩小自由行程，沿逆时针方向旋转为增大自由行程，调整至合适的自由行程后，将调整螺母放回 U 形槽里。

8. 检测驱动链条松紧度,并进行驱动链条调整,操作方法如图 3-3h 所示,用手挑动驱动链条,观察其松紧度,如果超出规定值,就需进行调整,具体调整方法是转动链盒尾端的链条调节螺钉,沿顺时针方向转动为放松链条;沿逆时针方向旋转为张紧链条。

9. 辐条车轮的径向和轴向的跳动量检查和调整,如图 3-3i 所示,用手转动车轮,观察车轮的跳动量是否超出规定跳动量,也可用百分表测试其跳动量,车轮径向和轴向跳动量一般不超过 2 mm。

10. 方向柱轴承间隙的检查和调整,用专用扳手拧松或紧固调整螺母,可进行方向柱轴承间隙的调整,如图 3-3j 所示。

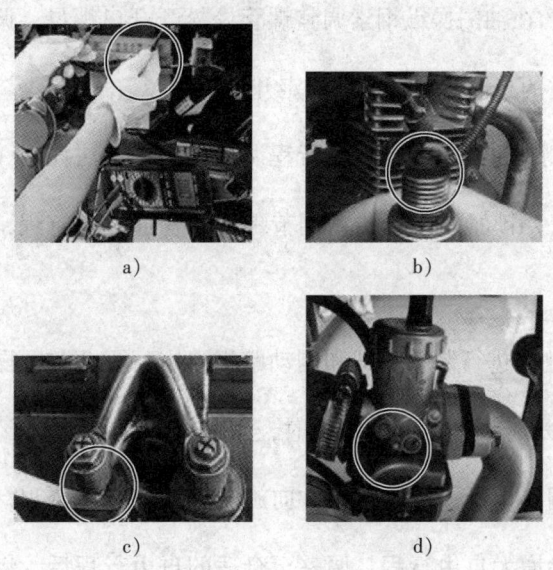

a)　　　　　　　　　　b)

c)　　　　　　　　　　d)

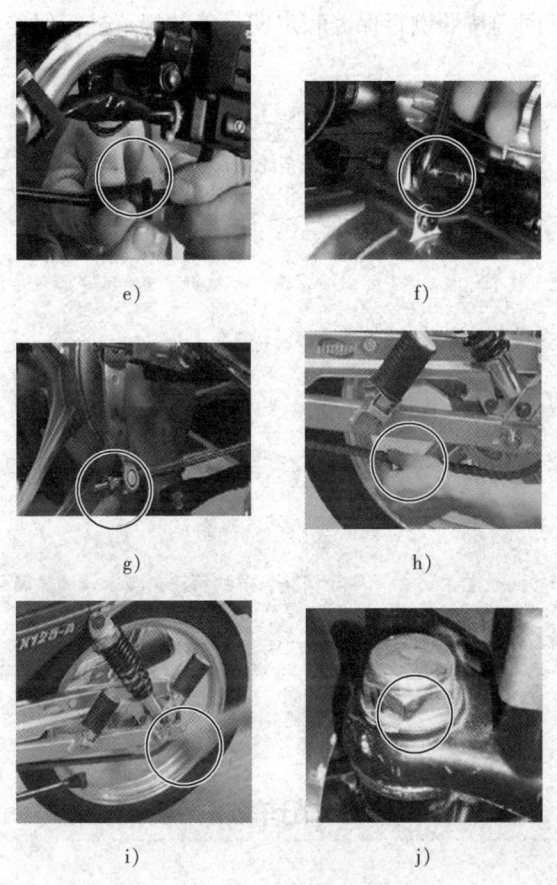

图 3-3 调整保养操作步骤

a）检查蓄电池 b）检查火花塞 c）调整气门间隙

d）调整怠速 e）调整油门 f）调整离合器

g）调整制动 h）调整驱动链条

i）检查车轮 j）调整方向柱轴承间隙

新车辆经过正确的磨合、保养、使用以后，才能真正投入使用。正常使用期间内按照例行保养和定期保养的规范进行保养和使用。

> **小知识**
>
> **摩托车的调整**
>
> 新出厂或使用一段时间的摩托车，由于装配存在误差或零部件的磨损损坏，会偏离摩托车技术标准，因此，就要对摩托车进行适当的调整、校验、修理，使其尽量接近摩托车技术标准，整个过程就是摩托车的调整。
>
> 摩托车调整的主要内容如下：
>
> 1. 发动机调整，包括气门间隙调整、离合器自由行程调整、怠速调整、油门自由行程调整、正时链条调整、正时点火调整等。
>
> 2. 整车调整，包括方向柱螺母调整、手把调整、减振舒适度调整、驱动链条调整、前后制动系统调整、前后轮一致性调整等。

## 技能4　摩托车出车前例行保养技能

摩托车例行保养可分为每日出车前、行车中和收车后三类保养，主要工作是对摩托车进行清洁、检查和调整。

摩托车出车前保养，具体操作步骤如图3-4所示。

**1. 检查燃油**

检查燃油箱的油面，可直接从燃油表上观察或打开燃油箱盖观察油面高度,也可以将摩托车左右轻摇,听其油量振荡的声音,必要时应加注燃油,如图 3-4a 所示。

2. 检查机油

检查曲轴箱中的机油,可直接从机油视孔盖观察,或将机油尺直接取出来进行观察,必要时应加注机油,如图 3-4b 所示。

3. 检查渗漏

目视检查燃油箱开关、曲轴箱、前后减振器等部位有无漏油现象,如图 3-4c 所示。

4. 检查油门

检查油门操作机构,一边将前轮左右转动,一边检查油门的操作情况,将方向把转到任意位置,油门操作都应灵活自如;如图 3-4d 所示,使用游标卡尺检查油门握把转动自由行程,如果不在规定范围内,则对油门操纵钢索做必要调整,以保证在前轮的整个转向范围内油门操纵钢索的收紧或放松都能操作自如。

5. 检查转向

将前轮左右转动检查转向机构,要求转向灵活无卡死点;摩托车转向机构是可调的,驾驶人可根据路况调紧或放松转向调节片,如图 3-4e 所示。

### 6. 检查紧固件和旋转件

检查是否有松动的螺栓、轮轴等,可以握住车架左右晃动来观察松动的情况,如果后轮轴松动,左右晃动车架,后轮会晃动。用同样的方法也可以检查前轮轴,如有必要应进行调整,如图 3-4f 所示。

### 7. 检查电气

检查所有的车灯和喇叭,包括每次制动时制动灯的工作情况,将转向灯开关置于左转向位置,检查左前和左后两个转向灯、指示灯的闪烁和蜂鸣音是否正常,以同样方式检查右转向灯,还要检查前照灯的远光和近光,如图 3-4g 所示。

### 8. 检查后视镜

检查后视镜托架有无松动,必要时要紧固,可骑在摩托车上调整后视镜位置,如图 3-4h 所示。

a)　　　　　　　　　b)

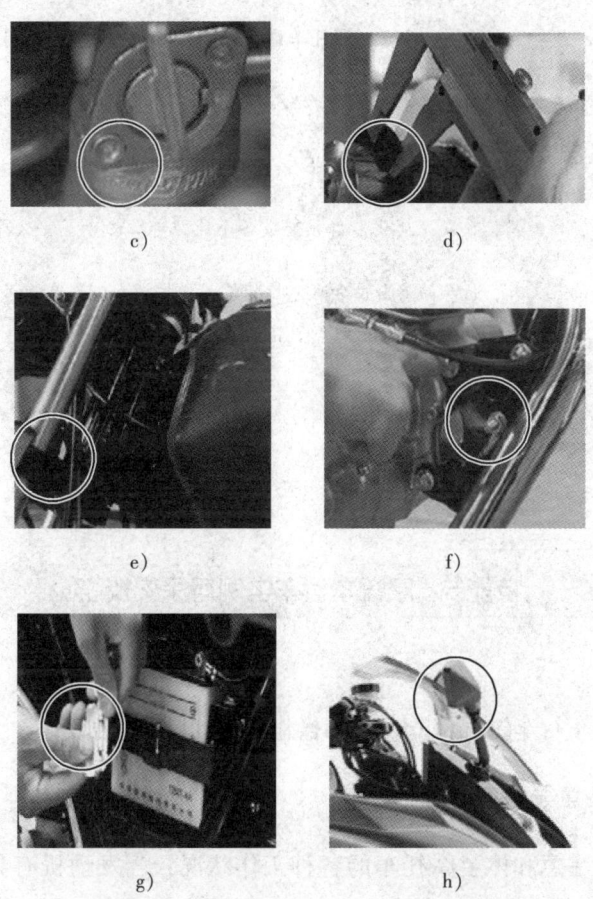

图 3-4 出车前保养操作步骤

c) 检查燃油　b) 检查机油　c) 检查渗漏

d) 检查油门　e) 检查转向　f) 检查紧固件和旋转件

g) 检查电气　h) 检查后视镜

> **小知识**
>
> **摩托车磨损**
>
> 摩托车在使用过程中,零部件会产生接触磨损、磨料磨损和腐蚀磨损三种磨损。磨损可分为初期磨损、正常磨损和异常磨损。随着时间的增加,磨损量逐渐增加,性能指标也发生变化。磨损造成各个连接部位松动,导致摩托车功率下降,油耗上升,行车的安全性和可靠性降低,排污增加。因此,必须及时、正确地对摩托车进行检查与保养。

## 技能 5　摩托车行车中例行保养技能

摩托车行车过程保养,具体操作步骤如图 3-5 所示。

### 1. 注意异响声

随时注意和体会摩托车的各种工作状况,当发动机有异响声等情况时,应立即停车进行处理。

### 2. 注意车轮

随时注意和感觉摩托车轮胎状况,当发现漏气或气压不足时,应立即停车检修,不可勉强行驶。

3. 注意制动器

随时注意和感觉前后制动装置的工作情况是否可靠,以防制动失灵,如图 3-5a 所示。

4. 注意离合器

随时注意和感觉离合器的工作情况是否正常,自由行程是否合适,如图 3-5b 所示。

5. 注意仪表

随时观察车速里程表、发动机转速表和燃油表及机油表工作是否正常。

6. 注意方向把

随时注意和感觉摩托车方向把的操纵是否灵活。

 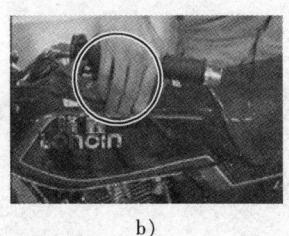

a) b)

图 3-5 行车过程保养操作步骤

a) 制动器 b) 离合器

> **小知识**
>
> 摩托车异响声
>
> 摩托车故障经常可以用检测其异响声的方法来判别。异响声怎样判别呢？
>
> 首先确认发动机正常的声响是什么样的？发动机燃烧时，会产生正常的燃烧和金属碰撞声响，最典型的是燃烧爆炸声响，其次是活塞撞击气缸壁的声响，还有就是零件之间的摩擦声响。这些声响很有规律且基本保持不变。
>
> 除了正常声响之外，有的声响突然加大，或一点规律都没有，这些就是异响声，最典型的，如爆燃燃烧、气门响声加大、活塞撞击声无规律、曲轴轴承异响等。
>
> 异响声一般用耳朵就能听出来，最准确的还是使用异响声听诊器直接来听，或用旋具代替异响声听诊器来听。

## 技能6　摩托车收车后例行保养技能

摩托车收车后保养，具体操作步骤如图3-6所示。

### 1. 检查渗漏

检查有无漏油、漏气现象，必要时补充燃油、机油及为蓄电池添加电解液，如图3-6a所示。

2. **检查紧固件**

检查各紧固件是否松动,如果有松动现象出现,应立即进行紧固,如图 3-6b 所示。

3. **清洗车辆**

清洁全车,如果泥污过多,应用清水冲洗,洗净后应立即起动发动机,让其怠速空转几分钟,如图 3-6c 所示。

4. **检查制动**

检查前后制动器的操作状况,如有必要,应调整制动钢索和制动鼓上的联动装置,以得到合适的自由行程,使操作灵活可靠。如果制动摩擦片磨损过度,应更换新的;在盘式制动器中,如果制动杆操作松软无力,一般是液压系统有问题,如图 3-6d 所示。

5. **检查轮胎**

检查轮胎外观和轮胎压力,若轮胎磨损过度,则要换新胎;若轮胎压力过低,则应充气,以达到规定的压力,如图 3-6e 所示。

6. **检查传动链**

检查传动链,测量传动链的张紧程度,如太松,就要调整;若链条干涩,则应加油润滑;若链条破裂或磨损过度,则应更换。检查链轮轮齿,若磨损过大,则应更换新链轮,如图 3-6f 所示。

7. 检查离合器

检查离合器，确认其操作灵活程度；必要时调整离合器操纵机构，使离合器在收紧时能完全脱开，而在放松时离合器能完全接合，如图 3-6g 所示。

8. 保养化油器

若车辆停放时间过长，则应将化油器浮子室内的汽油放干净。具体操作步骤：拆下侧盖，用一字旋具拧松放油管螺钉，使汽油流出浮子室，如图 3-6h 所示。

9. 保养蓄电池

若车辆停放时间过长，则应拆下蓄电池，并充电后存放，蓄电池应每月充电一次，如图 3-6i 所示。

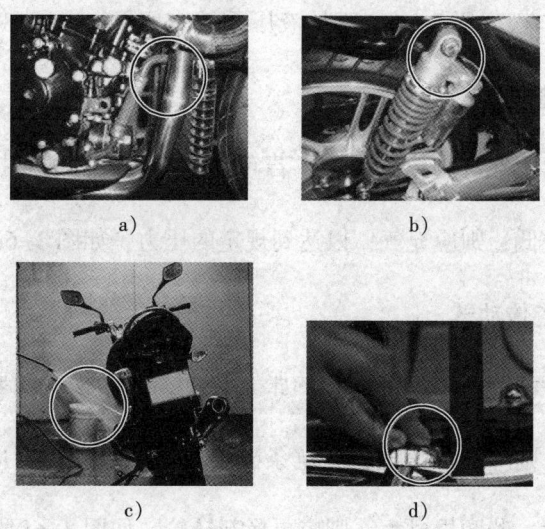

a)

b)

c)

d)

第3单元 摩托车维护作业

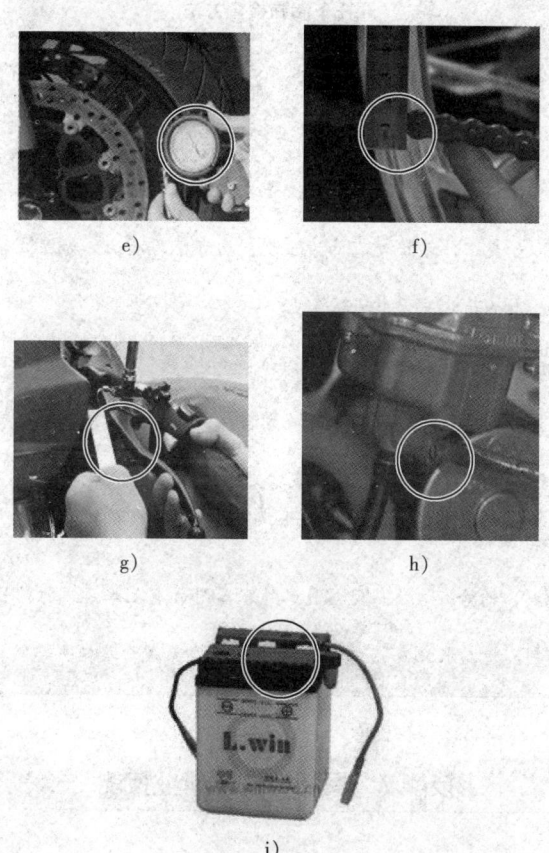

图 3-6 收车后保养操作步骤

a) 检查渗漏 b) 检查紧固件 c) 清洗车辆
d) 检查制动 e) 检查轮胎 f) 检查传动链
g) 检查离合器 h) 保养化油器 i) 保养蓄电池

> **小知识**
>
> **摩托车渗漏检查方法**
>
> 摩托车渗漏分为漏油、漏气、漏水（液）三种，其检查方法各不相同。
>
> 1. 漏油
>
> 漏油分为漏机油和漏汽油两种。检查方法很简单，直接用肉眼观察，凡是盛油装置的口子或零件连接处有油渍出现，均可视为漏油，如燃油箱盖、燃油箱、燃油管、燃油箱开关、曲轴箱等处。
>
> 2. 漏气
>
> 漏气的检查方法是在怀疑漏气的地方涂抹洗涤剂或肥皂水，如果有气泡产生，说明该处漏气。也可直接把气压表接上进行测量。
>
> 3. 漏水（液）
>
> 漏水（液）的检查方法是观察盛水的容器附近有无水渍或污渍出现，一旦出现，即可判别为漏水（液），如冷却液箱、冷却系统管路接头等处。

## 技能7　摩托车清洗作业技能

摩托车解体或分解成零部件后，应先对零部件进行清洗，然后才能检测和修理。清洗的主要内容是清除油污和积炭。

摩托车清洗作业所需工具：煤油、专用清洗剂、酒精、毛刷、盛具（容器）、棉纱、刮片、空压机。

摩托车清洗作业，具体操作步骤如图3-7所示。

### 1. 冷洗法清洗金属零件表面油污

把金属零件放在塑料盛具中,用煤油或专用清洗剂作清洗剂,使用毛刷刷洗,清洗干净后,再用棉布擦干,最后用压缩空气吹干,以免生锈,如图3-7a所示。不可用汽油直接清洗,以免失火。

### 2. 热洗法清洗金属零件表面油污

对油污严重的零件,可用碱溶液作清洗剂,把金属零件放在金属容器中和清洗剂一起加热至70~90 ℃浸煮10~15 min,取出后用清水将零件表面上的清洗剂冲洗干净,再用棉纱擦干,最后用压缩空气吹干,如图3-7b所示。

### 3. 清洗非金属零件

用专用清洗剂或酒精清洗橡胶类零件。使用毛刷刷洗,清洗干净后,用棉纱擦干,如图3-7c所示。不可用汽油或煤油清洗橡胶类零件,以免变形。

### 4. 机械法清除积炭

用竹制刮片刮除积炭,如火花塞电极间隙、活塞环槽,如图3-7d所示。不可用金属零件锐边刮磨积炭,以防止损伤。

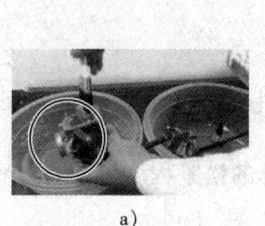

a) b)

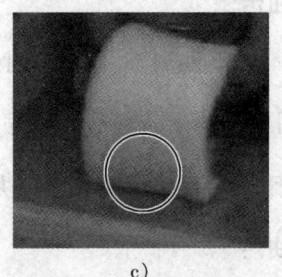
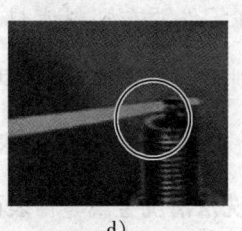

c) d)

图 3-7 摩托车清洗作业操作步骤

a) 冷洗法清洗零件 b) 热洗法清洗零件 c) 清洗非金属零件 d) 机械法清除积炭

> **小知识**
>
> **摩托车发动机积炭**
>
> 摩托车发动机积炭是指由于燃料和机油不完全燃烧而产生的残留物质,由于没有及时随尾气排出,因而堆积在发动机系统内各个位置。最典型的是活塞顶部,由于活塞处于燃烧室的底部,大量的燃烧物堆积在活塞顶部形成积炭。积炭会降低发动机功率,所以定期清理积炭是非常有必要的。

## 技能 8 摩托车紧固作业技能

摩托车紧固作业主要是检查摩托车整车装配质量和摩托车维修以后的装配质量,以检查螺栓或螺母的松紧程度为主要内容。

摩托车紧固作业所需工具:旋具、套筒扳手、扭力扳手、划线笔等。

摩托车紧固作业，具体操作步骤如图3-8所示。

## 1. 一般紧固件检查（"感觉法"）

（1）安装有一般垫圈的紧固件以手感判定其拧紧程度，扳手不转动或转动不超过1/4圈的判为紧固，扳手转动超过1/4圈的可判为松动，如图3-8a所示。

（2）对安装有弹簧垫圈的紧固件，从感觉触及弹簧垫圈开口处起用力，再用力到弹簧垫圈被压平整，扳手不转动为止判为紧固。

## 2. 重要紧固件检查（"扭紧法"）

用扭力扳手操作时，用力要均衡，慢慢增大力矩，当扭力扳手显示标准扭矩值后片刻（考虑到螺栓或螺母静摩擦力的回弹），即为紧固力矩，如图3-8b所示。

## 3. 关键紧固件检查（"转角法"）

（1）先在被检螺母（螺栓）或套筒与连接零件上画一条横线，确认螺母（螺栓）与连接连零件的相互原始位置。

（2）用扳手将螺母拧松。

（3）再用扭力扳手将螺母扭紧到对准线痕的原始位置，此时的力矩如果跟标准值相符合即为螺母（螺栓）的扭紧力矩；反之，判为不合格，如图3-8c所示。

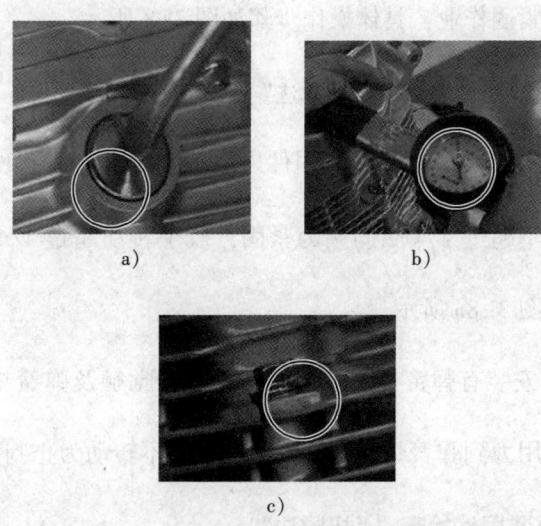

图 3-8 摩托车紧固作业操作步骤
a) 一般紧固件检查 b) 重要紧固件检查 c) 关键紧固件检查

> **提示**
> 1. 检查关键部位、重要部位螺栓或螺母时,使用能连续显示力矩值的指针式或数字显示式的扭力扳手,其示值误差应不大于±3%。
> 2. 关键部位螺栓、螺母的拧紧力矩应符合产品说明书中的规定。

# 模块二 摩托车二级维护作业

摩托车二级维护保养是以检查、调整为中心的保养作业。摩托车一般行驶 3 000~6 000 km 后应进行二级维护保养作业。

## 技能　摩托车二级维护作业检查技能

总的来讲，对摩托车装配质量应按从上到下、从前到后、从左到右的顺序进行仔细检查，防止错装、漏装零件。具体地讲，就是首先从摩托车握把总成开始检查各组件，然后检查前照灯、前左右转向灯、前叉总成、前减振器、前轮、燃油箱、坐垫、发动机、后摇臂、后减振器、后轮、尾灯及后左右转向灯等。

摩托车二级维护作业检查，具体操作步骤如图3-9所示。

### 1. 检查摩托车各零部件是否安装齐全

检查摩托车各零部件是否安装齐全，不得有错装、漏装零件，整车外观件不得有明显划伤、破损等，如图3-9a所示。

### 2. 检查摩托车各紧固件连接是否牢固、可靠

检查时可采用"看、摸、查"的方法进行，必要时用扭力扳手测试扭矩值，如图3-9b所示。

### 3. 检查漏气、漏油

检查曲轴箱、机油箱、燃油箱、化油器、液压盘式制动器及前、后减振器等部件是否漏油；检查气缸盖与气缸体，气缸体与

曲轴箱，进、排气管接合面，火花塞座是否漏气，如图3-9c所示。

#### 4. 检查前轮、后轮的安装情况

前轮、后轮应运转灵活、无卡滞现象。前轮、后轮中心平面的共面误差不超过5 mm。具体检查时，可用一长直尺以前轮或后轮侧面为基准，测量其相对偏移量。检查前轮、后轮的径向跳动和轴向跳动量，一般误差不超过2 mm，如图3-9d所示。

#### 5. 检查方向把

方向把应转动灵活，松紧适度，无窜动和卡滞现象，方向把同各控制操纵钢索应不产生干涉，如图3-9e所示。

#### 6. 检查制动装置

转动前轮和后轮，操作制动闸把和制动踏板灵活到位，制动自由行程在规定范围内，离合器闸把自由行程在规定范围内，换挡无卡滞现象，反冲起动顺利，如图3-9f所示。

#### 7. 检查电气设备

闸把座上开关、按钮灵活，前照灯远、近光明亮且转换自如，后尾灯/制动灯、转向灯明亮，蜂鸣器、喇叭声音正常，操作点火开关在规定时间内顺利起动摩托车，如图3-9g所示。

第3单元 摩托车维护作业

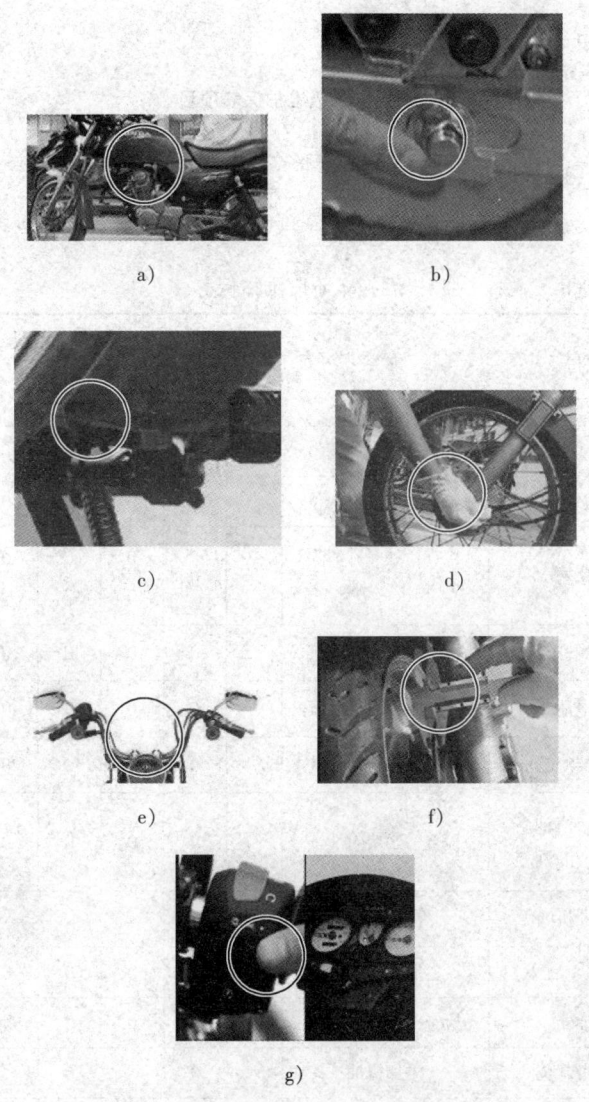

图3-9 摩托车二级维护作业检查操作步骤
a）检查完备性 b）检查紧固性 c）检查密封性 d）检查车轮安装
e）检查方向把 f）检查制动装置 g）检查电气设备

> **小知识**
>
> **摩托车二级维护保养项目**
>
> 摩托车二级维护保养除按一级维护保养内容进行外,还应按表 3-1 规定和生产厂家产品说明书进行。各种型号的摩托车定期维护保养内容都有各自的规定。

表 3-1　　　　摩托车阶段维护保养

| 项目 | 内容 | 规定里程（km） | | | | | |
|---|---|---|---|---|---|---|---|
| | | 200 | 1 000 | 2 500 | 4 500 | 6 000 | 9 000 |
| 制动系 | 检查,并允许调整 | √ | 0 | 0 | 0 | 0 | 0 |
| 传动链(传动带) | 检查,并允许调整 | | 0 | 0 | 0 | 0 | 0 |
| 火花塞 | 检查,并允许清除积炭,调整 | 0 | 0 △ | 0 △ | 0 △ | 0 △ | |
| 轮胎气压 | 检查,必要时充气 | | 0 | 0 | 0 | 0 | 0 |
| 蓄电池 | 检查,必要时加电解液 | | 0 | 0 | 0 | 0 | 0 |
| 空滤器滤芯 | 检查,必要时清洗 | | 0 | 0 | 0 | 0 | 0 |
| 机油、汽油滤芯、滤网 | 检查,必要时清洗 | | 0 | 0 | 0 | 0 | 0 |
| 变速器机油 | 更换,添加 | △ | | | × | | |
| 气缸盖、活塞 | 清除积炭 | | | 0 | 0 | 0 | 0 |
| 化油器 | 检查,必要时清洗 | | | 0 | 0 | | |
| 各润滑部位 | 添加机油 | | 0 | 0 | 0 | 0 | 0 |
| 外部紧固件 | 检查,必要时紧固 | | 0 | 0 | 0 | 0 | 0 |

注:1."0"表示检查、调整、清洗、充气等;"△"表示更换;"×"表示添加;"√"表示检查。2. 6 000 km 以后的阶段维护保养,每隔 3 000 km 进行一次。

### 摩托车三级维护保养项目

摩托车三级维护保养是摩托车在行驶 6 000~10 000 km 后，将摩托车解体、总成分解而进行的以检查和清除隐患为主的作业。

1. 分解发动机。清除气缸盖、活塞顶、活塞环、排气口等处的积炭。检查活塞与气缸壁、连杆小头与活塞销、连杆大头与曲柄销的间隙。检查左、右曲柄的跳动量。

2. 分解离合器，检查离合器弹簧的自由长度、摩擦片的厚度等。

3. 检查变速器各齿轮轮齿有无裂纹、烧蚀、剥落和严重磨损。

4. 分解方向柱组合件，清洗方向柱轴承，加足润滑脂，装配后调整间隙。

5. 分解前减振器，检查前减振器弹簧的自由长度是否符合要求，并更换减振器油。

6. 检查磁电机、起动电动机。

# 第4单元 摩托车发动机维修作业

## 模块一 摩托车进气系统维修作业

### 技能 摩托车进气系统维护技能

摩托车行驶以后,空滤器内将积存很多灰尘和异物,将滤芯的孔堵塞,使空气流动的阻力增大。进气系统维护内容就是清除滤芯上的灰尘和消声器积炭。

摩托车进气系统维护所需工具:毛刷、空压机、盛具、机油、煤油、机油壶、旋具、钢丝刷等。

摩托车进气系统维护,具体操作步骤如图4-1所示。

1. 拆除空滤器,如图4-1a所示。

(1) 拆下边盖。

(2) 拆下空滤器盖上的固定螺钉。

(3) 拆开化油器连接的连接件。

(4) 拆下空滤器,拆下空滤器滤芯。

2. 取出滤芯,轻轻磕打滤芯底面,除去沉附在表面的尘粒,如图 4-1b 所示,注意,不能用力过猛,以免损坏滤芯。

3. 如磕打不能除去尘粒,则采用软毛刷清除,如图 4-1c 所示,使用毛刷依次地从一端刷扫到另一端,来回反复进行,还可一边刷扫一边轻轻磕打。

4. 若前述两种方法还不能解决问题,则用压缩空气清洗。用压缩空气清扫滤芯时,应从里往外吹,不能用压缩空气吹纸滤芯的外壁,这样会让尘粒嵌入纸芯使之破坏,如图 4-1d 所示。

5. 如果滤芯是湿式滤芯,则取出滤芯后用清洗剂清洗滤芯,并反复多次轻压泡沫,把全部脏机油和污物清除掉。但不能猛力扭绞、摇甩、卷曲滤芯,以防损坏滤芯,如图 4-1e 所示。

6. 清洗完毕,向滤芯涂抹一层薄薄的机油,保持湿润,如图 4-1f 所示。

7. 安装空滤器,空滤器的安装与拆卸时的顺序相反,如图 4-1g 所示。

# 第4单元 摩托车发动机维修作业

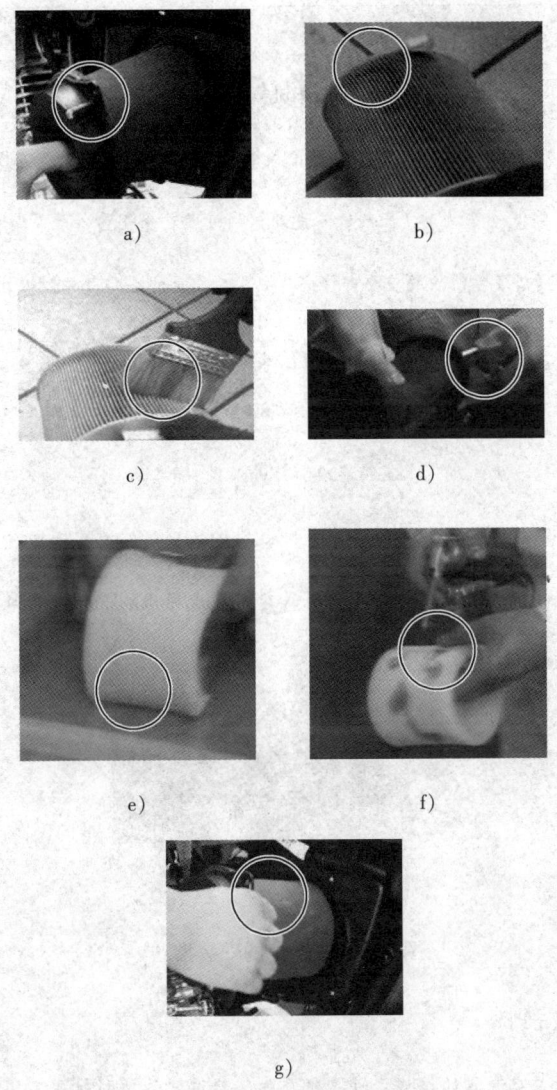

图4-1 摩托车进气系统维护操作步骤

a)拆除空滤器 b)磕打滤芯 c)用毛刷清除尘粒
d)压缩空气吹尘 e)清洗滤芯 f)涂抹机油 g)安装空滤器

### 小知识

### 摩托车进气系统

摩托车进气系统由空滤器、进气管和进气控制阀等组成,其作用是引导并过滤空气,降低进气噪声,控制进入发动机的可燃混合气量。

空滤器是进气系统中的重要部件,其主要功能是滤去空气中的灰尘、杂物和水分,以减少气缸内运动件的磨损,同时可降低进气噪声,有进气消声器的作用。

空滤器在摩托车上的安装形式如图4-2所示,空滤器的滤芯安装在空滤器盒子里,经过滤后的空气,流经连接管,进入化油器。

根据过滤元件采用的材料和滤气方式,摩托车用空滤器一般分为纸质干式、泡沫塑料湿式和滤网式等几种形式。目前应用比较普遍的是纸质干式和泡沫塑料湿式。

图4-2 空滤器的安装形式

1. 纸质干式

纸质干式空滤器的过滤元件是纸质的。除过滤元件的材质不同外,它的主要结构与泡沫塑料湿式空滤器大致相同。由于纸质滤芯不宜浸液体,故称为"干式"。纸质干式滤清器具有滤清效率高(不低于99%)、质量轻、清理方便等优点,因而被多数摩托车所采用。其滤芯多为筒式结构,滤纸的折叠方式多数采用星形,滤纸两端胶粘在一起,成环状,如图4-3所示。

2. 泡沫塑料湿式

泡沫塑料湿式空滤器的过滤元件采用泡沫塑料制作并在其上涂抹一层机油,如图4-4所示。泡沫塑料湿式空滤器的特点是:结构简单、滤清效果好(其滤清效率能达到99%左右),且过滤元件便于调整,清洗保养方便,故为许多摩托车采用。

图4-3 纸质干式空滤器

图4-4 泡沫塑料湿式空滤器

# 模块二 摩托车发动机一般维修作业

## 技能1 调整气门间隙技能

气门间隙是指气门调整螺钉与气门杆端部接触面之间的间隙。因受到高速运动的作用,其接触面冲击和磨损较大。调整气门间隙的主要内容就是把变化了的间隙调整到规定值。

调整气门间隙所需工具:梅花扳手、旋具、气门专用调整器、塞尺等。

调整气门间隙,具体调整操作步骤如图 4-5 所示。

**1. 检查正时标记**

(1) 打开正时观察孔。

(2) 检查发动机上止点正时标记。

(3) 带摇臂的顶置凸轮轴发动机气门间隙调整时活塞必须处于压缩行程的上止点,进、排气门都关闭,如图 4-5a 所示。

**2. 测量间隙大小**

用一规定厚度的塞尺来检查摇臂螺钉和气门杆端之间的距离。如果塞尺在稍用力的情况下能塞进去,气门间隙就是合适的。如塞尺塞不进去,则间隙小了;反之,则表明间隙大了。塞尺与摇臂螺钉和气门杆端之间有接触的阻力感觉,即为合适的间隙,如图 4-5b 所示。

**3. 调整间隙大小**

(1) 用扳手松开锁紧螺母。

(2) 用旋具或专用调整器调整间隙。沿顺时针方向转动时,螺钉伸出摇臂的长度增大,气门间隙减小;反之,气门间隙增大。

(3) 旋转调整螺钉,当感到塞尺塞入稍有阻力时,间隙就是正确的,取出塞尺,旋紧锁紧螺母。

(4) 由于间隙值很小,为防止间隙改变,应重复再次检查间隙,如图 4-5c 所示。

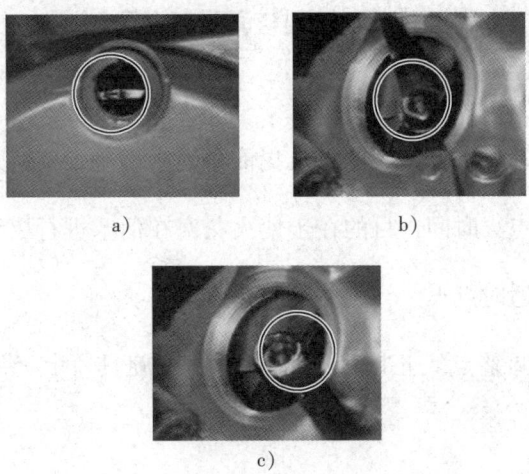

图 4-5 调整气门间隙操作步骤
a) 检查正时标记 b) 测量间隙大小 c) 调整间隙大小

> **小知识**
>
> **气门间隙的调整技巧**
>
> 有些发动机需要专用扳手和专用调整器来调整气门间隙。检查和调整气门间隙的操作方式也因发动机类型的不同而有所差别。气门间隙因发动机类型不同，其间隙值也不同。
>
> 调整前，沿逆时针方向旋转磁电机飞轮，使飞轮上的"T"记号与左前盖上的指示记号对准（注意，飞轮上除有"T"记号外，还有一用于点火正时的"F"记号），此刻活塞一定要处于压缩行程的上止点位置。
>
> 气门间隙调整合适后，再重新沿逆时针方向转动两圈飞轮以检查气门间隙。

## 技能2 检测与调整点火正时

检测发动机点火系统的点火提前角是否准确,普遍采用点火正时灯;调整点火时间,目的在于使火花塞在活塞进行压缩行程到达上止点之前适时点火。

检测与调整点火正时所需工具:一字旋具、十字旋具、正时灯等。

检测与调整点火正时,具体检测与调整操作步骤如图4-6所示。

1. 旋开点火正时观察孔盖,把点火正时灯的信号传感器夹在点火线圈高压输出导线上,如图4-6a所示。

2. 起动发动机,将发动机转速控制在一定的稳定转速下;按下点火正时灯频闪开关,并使点火正时灯的闪光束对准飞轮的外圆柱表面标记和曲轴箱上的标记(注意观察磁电机飞轮外圆柱表面的点火标记F与曲轴箱上的缺口丨标记),如图4-6b所示。

3. 观察标记是否对齐,若标记对齐,表明点火正时;如飞轮上的刻线提前出现,表明点火提前偏小;反之则偏大,如图4-6c

所示。

4. 调整点火正时

(1) 卸下转子外壳,拧松定子盘固定螺钉。

(2) 若点火过迟,则沿逆时针方向转动定子盘;若点火过早,则沿顺时针方向转动定子盘。

(3) 调整完毕,拧紧定子盘固定螺钉,装上转子外壳,如图4-6d所示。

图4-6 检测与调整点火正时操作步骤

a) 准备工作　b) 检测过程

c) 结果分析　d) 调整点火正时

> **小知识**
>
> **点火正时调整技巧**
>
> CDI（Capacitor Discharge Ignition，电容放电式点火）系统点火时间一般不会变动，通常不需要经常调整。若出现点火正时不准确时，则检查 CDI 点火器、磁电机、蓄电池等，更换有故障的电器元件就能解决问题。
>
> 少数摩托车可通过调整磁电机底板固定位置来调整点火提前角，使之点火正时。一般点火系统点火提前角的允许误差为±1°左右，若点火提前角误差较大，则应进行调整。

## 技能3　调整发动机怠速

化油器经常受到摩托车振动或外界碰撞的影响，致使化油器怠速调整螺钉松紧度出现变化，摩托车怠速将受到严重影响。因此，必须经常检查和调整化油器怠速螺钉。

调整发动机怠速所需工具：一字旋具、十字旋具等。

调整发动机怠速，具体调整操作步骤如图 4-7 所示。

1. 卸下右侧盖，起动发动机，运转 3~5 min，使发动机预热。

2. 如图 4-7 所示，将化油器左边空气调节螺钉拧到底，然后再按本车型规定圈数退出。

3. 调整化油器右边油门调节螺钉,沿顺时针方向转动,怠速增大;沿逆时针方向转动,怠速减小。反复调整,使发动机怠速达到本车型规定要求。

图 4-7　调整发动机怠速操作步骤

4. 调整好后,急加油门使发动机转速升高,观察其过渡性能是否稳定,否则应重新调整。

5. 关闭发动机,装回右侧盖。

> **小知识**
>
> ### 调整发动机怠速系统
>
> 发动机怠速是衡量发动机性能的一个主要特征。调整发动机的怠速必须具备以下条件:发动机处正常热状态,有足够点火能量连续地点火,化油器工作良好,油、气路畅通,点火角度、气缸压缩压力足够。
>
> 怠速调整时,空气调节螺钉和油门调节螺钉可以相互穿插配合进行调整,以获得最佳怠速工况。
>
> 不同车型空气调节螺钉退出圈数不同,怠速参数也不相同,可参考表 4-1 和表 4-2 所列参数。

表 4-1　不同车型空气调节螺钉设定退出圈数

| 车型 | CJ50 | JH70 | CY80 | NF125 | CG125 | SR150 |
|---|---|---|---|---|---|---|
| 退出圈数 | $1\frac{1}{2}$ | $1\frac{5}{8}$ | $1\frac{3}{4}$ | $1\frac{1}{2}$ | $1\frac{1}{2}$ | $2\frac{3}{4}$ |

表 4-2　不同车型的怠速调整范围

| 车型 | CJ50 | JH70 | CY80 | NF125 | CG125 | SR150 |
|---|---|---|---|---|---|---|
| 怠速(r/min) | 1 300±150 | 1 500±100 | 1 500±100 | 1 450±145 | 1 100~1 300 | 1 400~1 500 |

# 模块三　摩托车燃油供给系统维修作业

## 技能　摩托车燃油供给系统维护技能

摩托车燃油供给系统主要是指从燃油箱开始,经过燃油箱开关、燃油管,到化油器。摩托车燃油供给系统的主要作用是对发动机进行燃油的供给与雾化。摩托车燃油供给系统的主要维护工作包括燃油箱、燃油箱开关和化油器等主要零部件的检查、清洗和调整。

摩托车燃油供给系统维护所需工具：一字旋具、十字旋具、盛具、空压机、煤油等。

摩托车燃油供给系统维护，具体检查与调整操作步骤如图4-8所示。

**1. 清洗燃油箱**（见图4-8a）

（1）拔掉燃油管与化油器的接头，打开燃油箱开关，将燃油箱中的燃油排出到塑料盆内。

（2）拆卸左、右两侧盖和坐垫。

（3）拆卸燃油箱安装螺钉。

（4）拔掉油位传感器连接线。

（5）拆卸燃油箱开关。

（6）取下燃油箱。

（7）用煤油清洗燃油箱，具体操作方法：将煤油灌入燃油箱至约1/3容积，然后用双手端着燃油箱来回晃荡，使煤油冲掉燃油箱内壁的积垢，放掉煤油晾干燃油箱；再将适量机油注入燃油箱内，使燃油箱内壁能薄薄涂抹一层即可。

**2. 清洗燃油箱开关**（见图4-8b）

（1）把从燃油箱上旋下的燃油箱开关燃油管拆掉。

（2）旋下滤清器套杯，拨动燃油箱开关手柄，检查打开、关闭和副燃油箱位置处燃油箱开关是否灵活可靠。

（3）清洗滤清器网。

3. 检查燃油管（见图4-8c）

（1）检查燃油管与燃油箱开关和化油器连接处有无渗油现象，检查卡箍连接是否可靠。

（2）拆下燃油管两端卡箍，取下燃油管。

（3）检查燃油管外观有无老化、破裂。

4. 检查化油器（见图4-8d）

拔掉化油器与燃油管的连接，拆卸化油器浮子室。

检查浮子室上、下盖连接是否可靠，有无渗油现象。

分解浮子室，检查浮子室内浮子有无破裂，浮子转动销有无卡滞，检查针阀磨损情况。

检查喷油管、主量孔、主空气量孔等零部件有无堵塞，用压缩空气吹通管道。

5. 检查燃油箱盖（见图4-8e）

使用煤油清洗燃油箱盖，用压缩空气吹干燃油箱盖，重点吹通燃油箱盖内空气孔。

a) b)

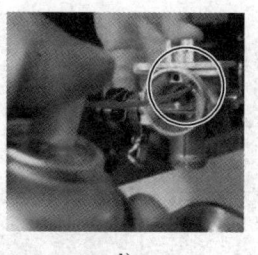

c)　　　　　　　　　　　　d)

e)

图 4-8　燃油供给系维护操作步骤

a) 清洗燃油箱　b) 清洗燃油箱开关　c) 检查燃油管
d) 检查化油器　e) 检查燃油箱盖

小知识

**摩托车燃油供给系统**

摩托车燃油供给系统的主要作用是把燃油箱里的燃油经过滤后流到化油器里与空气混合、雾化，经进气管，再送到燃烧室进行燃烧。

1. 燃油供给系统的组成

燃油供给系统由三部分组成,如图4-9所示。

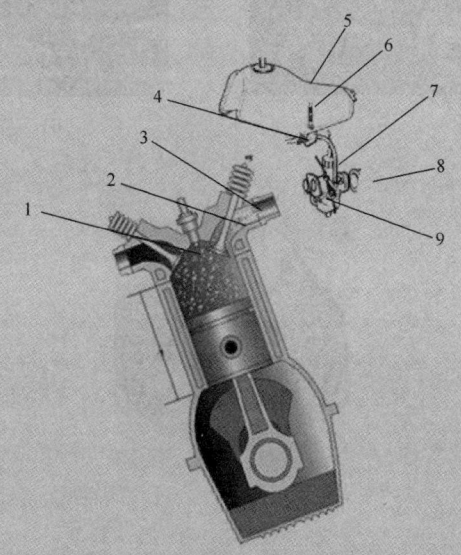

图4-9 燃油供给系统的组成

1—燃烧室 2—进气道 3—进气管 4—燃油箱开关 5—燃油箱
6—燃油滤清器 7—燃油管 8—空气 9—化油器

(1) 燃油供给装置。该装置包括燃油箱、燃油滤清器、燃油箱开关和燃油管,主要起传输燃油的作用。

(2) 可燃混合气形成装置,即化油器。汽油在化油器内与空气混合后形成可燃混合气。

(3) 可燃混合气传递装置,即进气管和进气道。四冲程发动机可燃混合气经进气管直接进入气缸中的进气道,再进入燃烧室。二冲程发动机可燃混合气经进气管进入曲轴箱进行预压缩后,经过扫气口进入发动机气缸。

2. 化油器

化油器是将空气和燃油在自身空间里进行混合、雾化的一种装置，化油器主要由化油器本体、喉管、混合室、浮子室、主喷管（口）、主量孔、主空气量孔、油门（柱塞）、油针等零部件组成，如图4-10所示。

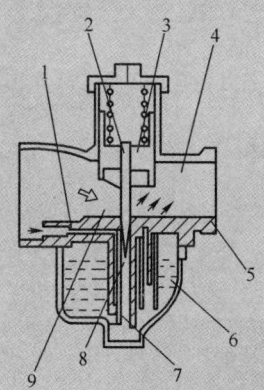

图4-10 化油器

1—主空气量孔 2—油针 3—油门 4—混合室 5—化油器本体
6—浮子室 7—主量孔 8—主喷管 9—喉管

3. 燃油箱

燃油箱用来储存汽油，燃油箱的位置有的设在车架横梁上，方向把和坐垫之间，这种结构的燃油箱不但是储存燃油的容器，而且是摩托车上的一个装饰品。有的摩托车因结构需要，安装在坐垫下。

燃油箱里装有一个燃油传感器。传感器的浮子漂浮在燃油面上，浮子下连有一个电阻，当电阻值变化时，就将信号传递到位于方向把附近的燃油表上显示出来。

二冲程摩托车采用分离润滑时往往把油箱分为两部分，前部分装机油，后部分装汽油。

4. 燃油箱盖

燃油箱盖的种类很多，有简易的橡胶盖，有阀片旋转式燃油箱盖，有带锁的燃油箱盖。目前国内多数摩托车采用带锁的燃油箱盖。这些燃油箱盖外盖表面镀铬，内盖有通气孔与大气直接相通。带有小孔的燃油箱盖如果小孔被污物堵塞，燃油就不能顺利流入化油器，造成供油不足，发动机不能正常工作。

5. 燃油箱开关

燃油箱开关用螺纹旋装在燃油箱底部的最低处，它的作用是导通或关闭燃油箱与化油器之间的燃油通路，并过滤燃油。它的结构形式分为简易阀芯导通式燃油箱开关、一般平面导通式燃油箱开关和膜片式燃油箱开关。简易阀芯导通式燃油箱开关有转动阀芯导通式和移动阀芯导通式两种形式。

# 模块四 摩托车排气系统维修作业

## 技能 摩托车排气系统维护技能

摩托车行驶以后，随着燃烧后的废气经过消声器，消声器内的积炭越来越多，使排气阻力增大。

摩托车排气系统维护主要内容：检查消声器、清除消声器积炭、清除排气系统积炭等。

摩托车排气系统维护所需工具：毛刷、空压机、盛具、机油、煤油、机油壶、旋具、钢丝刷等。

摩托车排气系统维护，具体操作步骤如图4-11所示。

1. 检查消声器（见图4-11a）

（1）清理消声器表面污物。

（2）检查消声器各连接固定部位，如果出现连接松动现象，应及时予以紧固。

（3）检查排气口连接部位，如果有漏气现象，需将接口拆开，更换接口垫。

2. 清除消声器积炭（见图 4-11b）

拆下消声器，轻轻磕打或用胶木榔头轻轻敲打消声器，让积炭自然脱落而掉出来。摩托车每行驶 3 000 km 左右，应进行该项作业一次。

3. 清除排气系统积炭（见图 4-11c）

（1）将消声器和排气管从发动机上拆下来，清除气缸排气口积炭。

（2）拆开消声器和排气管，拆开消声器外筒和筒芯，用钢丝刷将筒芯、排气管和消声筒中的积炭清除干净。

（3）依次按原样装到车上，拧紧螺钉和螺母。

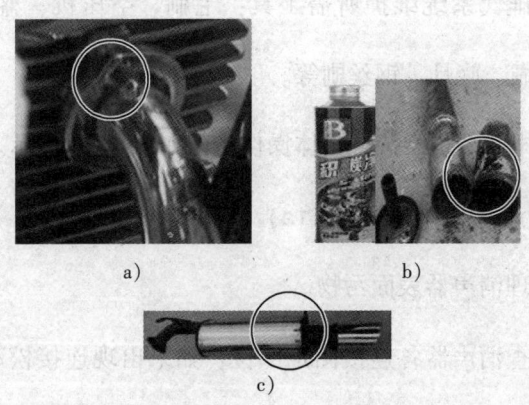

图 4-11　摩托车排气系统维护操作步骤
a）检查消声器　b）清除消声器积炭　c）清除排气系统积炭

> **小知识**
>
> **摩托车排气装置**
>
> 排气系统由排气管和排气消声器组成,排气装置的作用是将发动机工作后的废气排出到大气中,并降低排气时的噪声和废气温度,消除废气中的火焰及火花,对环保消声器来说,还能降低排放,减轻对大气的污染,如图4-12所示。
>
> 排气管用钢管弯曲而成,它安装在气缸排气口与消声器之间,它的作用是将气缸中排出的废气引到消声器中。
>
> 排气消声器是指具有特殊结构形式或吸声衬里,并能有效地降低发动机排气噪声的气流管道。它能降低流出气体的能量、平衡气体压力波动,将振幅降到合理值。
>
> 1. 消声器的消声原理
>
> 消声器根据消声原理可分为阻性消声器、抗性消声器、阻抗复合式消声器三类。
>
> (1) 阻性消声器。阻性消声器是利用吸声材料来消减噪声的。吸声材料是由内部松软多孔且孔与孔之间相通的材料(如玻璃纤维、毛毡、细钢丝网等)构成的。这类消声器对高频噪声具有良好的消声作用,但对低频噪声消声效果较差。另外,吸声材料易被高温排气所熔化,使用寿命较短,同时易被积炭、油泥阻塞而降低消声效果,增大排气阻力。因此,现已很少采用单一的阻性消声器。

(2) 抗性消声器。抗性消声器是根据声波滤波原理设计的,它主要是靠控制消声器声抗的大小来进行消声的。抗性消声器有扩张式、共振式、干涉式等,它们都是通过一定尺寸、形状的扩张室、共振室等与一定长度的管道适当组合而成的,其中以扩张式和共振式应用最广,干涉式因效果欠佳而较少采用。这类消声器用金属制成,结构简单,耐高温,耐废气腐蚀和冲击,使用寿命长。它对中、低频噪声消声效果好,但对高频噪声消声效果较差,所以出现了阻抗复合式消声器。

(3) 阻抗复合式消声器。阻抗复合式消声器综合了抗性和阻性消声器的优点,是将扩张室、共振室和吸声材料组合在一起而构成的消声器,如图4-13所示。它对很宽频率范围内的噪声都有良好的消声效果。但由于它和阻性消声器一样,采用了吸声材料,易被高温气体腐蚀和熔化,使用寿命短,所以只有轻便摩托车因受到安装空间的限制,才较多地采用这类消声器。

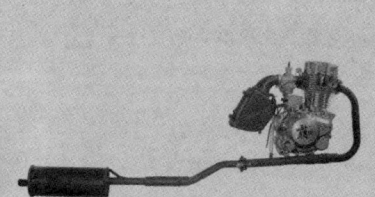

图4-12 排气系统

图4-13 阻抗复合式消声器

2. 消声器的结构

从结构上看消声器可分为筒式消声器和盒式消声器。

(1) 筒式消声器。筒式消声器一般以抗性消声器为主,它多用于中、大型摩托车，例如 LX100-6、LX125-A、LX250-8 等都是采用这种结构的消声器。图 4-14 所示 LX100-6 消声器为典型的筒式消声器。

图 4-14　筒式消声器

筒式消声器主要由消声筒和筒芯等组成。消声筒用 1 mm 或 1.2 mm 厚的薄钢板冲压焊接而制成。筒内焊有若干个隔板，隔板上制有节流孔，隔板将消声器分成多个膨胀室和一个渐扩管，筒芯用 1 mm 厚的薄钢板冲压焊接而成，它上面制有三角形的导流孔和许多小孔。筒芯和隔板上的这些小孔被堵塞，将使得排气阻力增大，发动机功率下降，因此应当定期清除消声筒和筒芯的积炭，正常情况下每行驶 3 000 km 左右应清除一次。

（2）盒式消声器。轻便摩托车由于受到安装空间的限制，因此多采用盒式消声器，这种消声器大多为阻抗复合式。如 LX100T-2 等踏板车常采用盒式消声器，它是由外壳、吸声填料、消声筒等组成的，如图 4-15 所示。这类摩托车的最大噪声可控制在 72 dB 左右，具有体积小、便于安装、制造成本低等优点，但清除内部的积炭和油污比较困难。

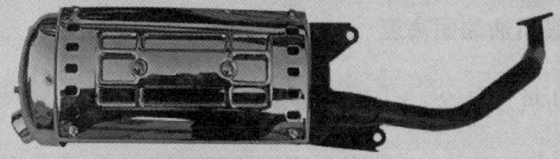

图 4-15　盒式消声器

# 模块五　摩托车润滑系统维修作业

## 技能1　四冲程发动机润滑系统维护技能

四冲程发动机的润滑方式主要是压力润滑和飞溅润滑，机油主要来自曲轴箱，因此，润滑系统维护的主要内容是保持曲轴箱内机油清洁和有足够的润滑效果。

四冲程发动机润滑系统维护的主要内容：检查机油油面高度；检查机油油质；更换机油；清洗机油滤网等。

四冲程发动机润滑系统维护所需工具：机油、清洗剂、毛刷、盛具、棉布。

四冲程发动机润滑系统维护，具体操作步骤如图4-16所示。

### 1. 检查机油油面高度

将发动机运转2~3 min后，查看油面是否在油标尺上下刻度线之间。如果油面过低，则必须加注机油。机油尺应在拧紧情况下取出来观察刻度线，而非机油尺直插到底后观察，如图4-16a

所示。

### 2. 检查机油油质

(1) 先查看机油的色泽,如果机油颜色很深,则说明机油太脏或已变质,如图 4-16b 所示。

(2) 再取几滴机油放在手指之间轻轻捻动,看它是否有油泥或金属颗粒,然后检查机油的黏度是否合适,如图 4-16c 所示。

### 3. 更换机油

(1) 用一盛具放在曲轴箱下方,拧松并取下曲轴箱底部的放油螺塞,机油即可自行流出,如图 4-16d 所示。

(2) 在放机油的同时,脚蹬起动踏板 1~2 次,让发动机转动起来,便于机油流出。

(3) 按规定加入一定容量的机油,且机油牌号应符合规定要求。

(4) 起动发动机,急速运转 2~3 min,再检查机油尺上的刻度是否在要求的刻线之间。

### 4. 清洗机油滤网

用清洗剂清洗机油滤网,清洗机油滤网后,检查放油螺塞密封圈有无破损,如图 4-16e 所示。

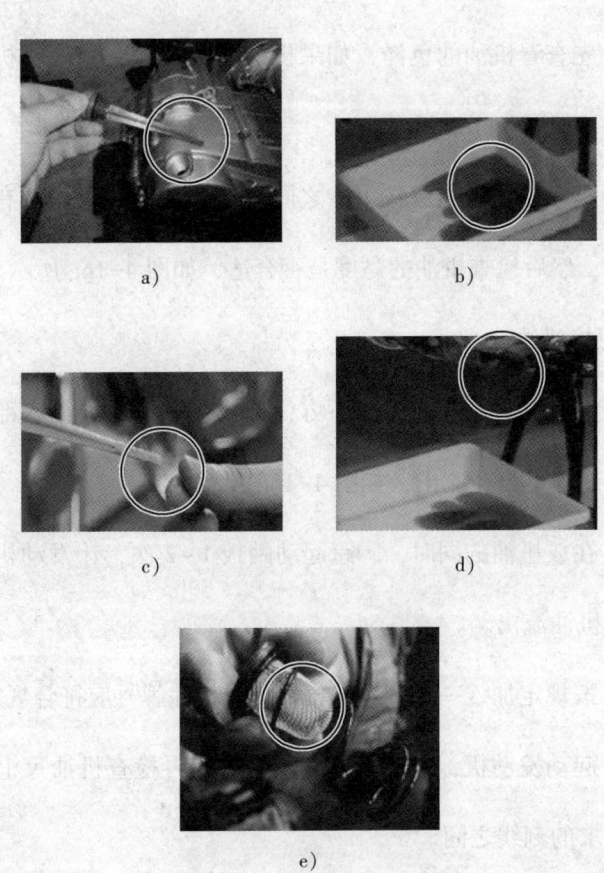

图4-16 四冲程发动机润滑系统维护操作步骤

a）检查机油油面高度 b）观察机油颜色
c）检查机油黏度 d）放机油 e）清洗滤网

> **小知识**
>
> **二冲程发动机润滑系统**
>
> 二冲程发动机一般都要利用曲柄室的容积作为可燃混合气的初压容积,因此曲柄室是独立封闭的,而且其中也不能盛放机油,所以曲柄室中零件一般都是靠机油与汽油、空气一起形成的雾状混合气,渗入曲轴轴承、连杆大小头轴承、缸体和活塞等各个运动件的接触表面并附着在上面进行润滑的。
>
> 根据机油与汽油混合方式的不同,可将二冲程发动机的润滑系统分为混合润滑与分离润滑两种形式。
>
> 1. 混合润滑
>
> 所谓混合润滑,就是将机油和汽油按一定比例,事先混合拌匀后装入同一个油箱中,发动机工作时混合油在化油器中与空气混合雾化形成可燃混合气进入曲柄室中,再渗透到各个需要润滑的摩擦表面进行润滑。在目前的机型中,国内50 mL排量的轻便摩托车及少量大排量的摩托车采用这种润滑方式,如JS50Q-4、CJ50、XF250等。
>
> 混合润滑方式是摩托车中最简单的方式,它不需要专门的油泵、油路及有关传动件,不能按发动机不同工况的需要供给适量的机油,因而造成机油消耗量大,并容易在发动机燃烧室、排气口等处产生过多积炭,而且严重污染环境。

2. 分离润滑

所谓分离润滑，是指汽油与机油分别盛放在汽油箱和机油箱中。机油箱中的机油靠自重流入机油泵。发动机工作时，曲轴带动机油泵旋转，机油泵输出的机油经油管直接送到化油器的喉管或气缸体与化油器之间的进气管，与空气、燃油混合后进入曲柄室，润滑曲柄连杆机构及活塞和气缸等。油泵的供油量随发动机转速而变化，并且受到油门操纵钢索的联合控制。当节气门开度加大，由于受到油门操纵钢索的联合控制，油泵在每一个工作循环的出油量就加大；同时由于节气门开大，发动机转速增高，则油泵转速也增高，油泵的出油量也相应加大，以适应发动机高速大负荷时对机油需求较大的要求。

分离润滑系统克服了混合润滑系统的部分缺点，但是仍然不能够有目的地将机油加注到各个需要润滑的部位，其机油与汽油都是雾化混合后进入曲柄室中的，因而与混合润滑一样，机油不可避免地要进入燃烧室参与燃烧，从而产生较多的积炭，影响发动机性能的充分发挥，其机油的利用率仍然较低，环境污染也较严重。

## 技能2　摩托车整车润滑技能

摩托车润滑系统，除发动机外，整车其他各润滑部位的润滑也是很重要的。润滑的主要内容是向各润滑点注入机油或润滑脂。

摩托车整车润滑主要内容：润滑操作钢索、驱动链条、制动凸轮、起动轴、换挡轴、后摇臂轴、制动踏板、支架、车速计齿轮、减振器、方向柱轴承、阻风门等。

摩托车整车润滑所需工具：机油、黄油、机油壶、机油枪、木片。

摩托车整车润滑，具体操作步骤如图4-17所示。

1. **润滑操纵钢索**

操纵钢索接头处涂抹少许润滑脂，钢索接头包含油门管夹和钢索、离合器管夹和钢索、前制动钢索，如图4-17a所示。

2. **润滑驱动链条**

一只手慢慢转动驱动链条，另一只手握住机油壶向驱动链条注入机油，以机油不溢滴为宜。驱动链条需至少转动一周，如图4-17b所示。

3. **润滑制动凸轮**

用机油壶向制动臂与制动凸轮外露部分连接处注入少许机油。机油不能注入过多，以免浸入到制动器内部，如图4-17c所示。

4. **润滑起动轴**

用机油壶向起动臂与起动轴花键连接处注入少许机油，同时向起动踏杆与起动臂连接处注入少许机油。机油不宜注入过多，以免溢滴，如图4-17d所示。

### 5. 润滑换挡轴

用机油壶向换挡踏杆与换挡轴连接处注入少许机油。机油不宜注入过多,以免溢滴,如图 4-17e 所示。

### 6. 润滑后摇臂轴

用机油壶向后摇臂长螺栓轴与衬套之间缝隙注入少许机油。机油不宜注入过多,以免溢滴,如图 4-17f 所示。

### 7. 润滑制动踏板

用机油壶向制动臂与制动拉杆连接处注入少许机油。机油不宜注入过多,以免溢滴,如图 4-17g 所示。

### 8. 润滑支架

用机油枪向主、侧支架与支架支点连接处注入少许黄油。主支架支点和侧支架支点均注入,如图 4-17h 所示。

### 9. 润滑车速计齿轮

把车速里程表软轴取出,用机油枪向装软轴的位置注入润滑脂,同时注入少许润滑脂于软轴头上,然后将软轴装回原位置。润滑脂注入须适量,如图 4-17i 所示。

### 10. 润滑减振器

用机油壶向前减振器和后减振器与支架支点连接处注入少许机油。机油不宜注入过多,以免溢滴,如图 4-17j 所示。

## 11. 润滑方向柱轴承

拆下方向柱轴承，清除使用过的润滑脂和钢球，用木片向轴承滚道涂抹润滑脂，按规定数量在滚道润滑脂上重新装上新钢球。润滑脂不能加入过多，以能粘住钢球为宜，如图4-17k所示。

## 12. 润滑阻风门

用机油壶向阻风门手控拉杆转动销轴处注入少许机油。机油不宜注入过多，浸湿为止，如图4-17l所示。

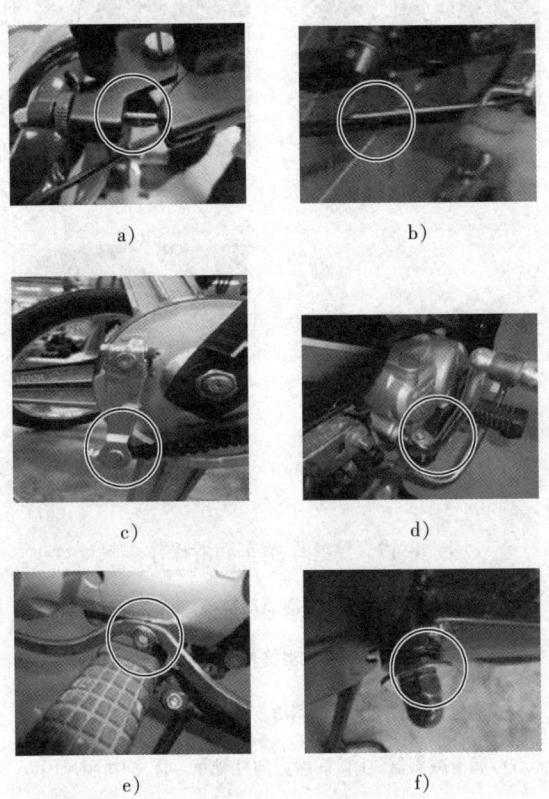

a)  b)  c)  d)  e)  f)

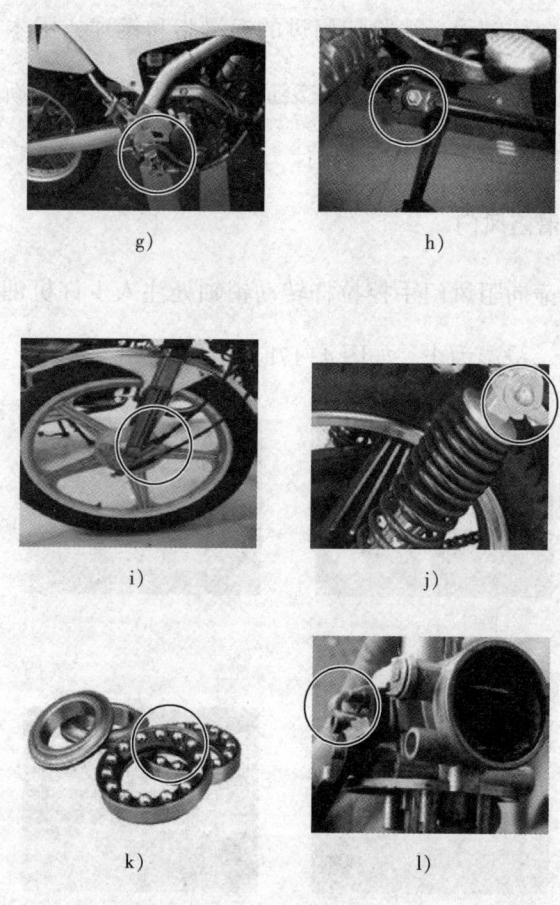

图4-17 摩托车整车润滑操作步骤

a）润滑操纵钢索 b）润滑驱动链条 c）润滑制动凸轮

d）润滑起动轴 e）润滑换挡轴 f）润滑后摇臂轴

g）润滑制动踏板 h）润滑支架 i）润滑车速计齿轮

j）润滑减振器 k）润滑方向柱轴承 l）润滑阻风门

> 小知识

## 摩托车机油

1. 机油的选用

机油具有润滑、冷却、密封、清洁和防锈等作用，正确使用机油，能减轻运动表面之间的摩擦力和磨损，提高发动机的输出功率，延长使用寿命。

摩托车对发动机机油的要求：具有适当的黏度，较强的附着性，较高的闪点和较低的凝点，良好的化学稳定性，不含杂质，燃烧后积炭少等。

四冲程发动机机油通常采用 SAE（Society of Automotive Engineers，美国汽车工程师协会）黏度分级，将机油分为 0W、5W、10W、15W、20W、25W、20、30、40、50 共 10 个单级级号，或 5W/20、10W/30、15W/40、20W/40 等几个双级级号，也可按质量分为 SC、SD、SE、SF、SG、SH 6 级。机油可根据使用环境的气温选用。

二冲程发动机机油通常分为 ERA、ERB、ERC、ERD 4 个等级。

2. 润滑脂的选用

在摩托车上运动速度较低、负荷较重的部位，通常都需要加注润滑脂，以对机件进行润滑、表面保护和密封。摩托车上常用的润滑脂有钙基润滑脂、钠基润滑脂、钙钠基润滑脂、石墨钙基润滑脂和锂基润滑脂等，各种润滑脂的特点、工作要求及应用见表 4-3。

表 4-3　　　　　　　　摩托车用润滑脂

| 润滑脂名称 | 特点 | 工作要求 | 应用 |
|---|---|---|---|
| 钙基润滑脂（ZG） | 抗水性好，耐热性差 | 从常温到 70 ℃，转速在 3 000 r/min 以下 | 前车轮轴承、制动踏板等各低速转动处 |
| 钠基润滑脂（ZN） | 耐水性差，耐热性较好，机械稳定性好，滴点高 | 工作温度在 120 ℃以下，不与潮湿空气或水接触的润滑部位 | 软轴接头、方向柱推力球轴承 |
| 钙钠基润滑脂（ZGN） | 介于前二者之间 | 工作温度在 100 ℃以下 | 滚动轴承 |
| 石墨钙基润滑脂 | 具有良好的耐压、抗磨、抗水性 | 工作温度低于60 ℃ | 后车轮轴承、链条 |
| 锂基润滑脂（ZL） | 耐热性好，抗水性好，使用寿命长 | 工作温度在 −60 ~ 120 ℃ | 滚动轴承、滑动轴承 |

3. 二冲程发动机的润滑

二冲程发动机通常采用混合式和分离式两种润滑系统进行润滑。分离式润滑系统的保养工作主要是新车或维修调整后的摩托车，要对燃油管和机油泵进行排气处理，以防止油路发生气阻现象。油泵调试时应先清洁油泵周围后再进行调试，以免异物掉入曲轴箱。经常检查机油箱盖通气孔，以防因堵塞而不能供油或供油困难。

## 技能 3　调整机油泵

对二冲程发动机分离式润滑系统中的机油泵需进行适时调整，

以确保适度供给机油。

调整机油泵主要内容：调整机油泵钢索自由行程等。

调整机油泵所需工具：一字旋具、十字旋具、呆扳手等。

调整机油泵，具体调整操作步骤如图4-18所示。

1. 调整油泵钢索，拆开机油泵盖，观察油泵钢索连接情况。在调整油泵钢索自由行程之前，先调整油门操纵钢索的自由行程，如图4-18a所示。

2. 将油门握把转到底，检查机油泵上的标记是否对准，若记号没有对准，则调整机油泵螺管使其对准，如图4-18b所示。

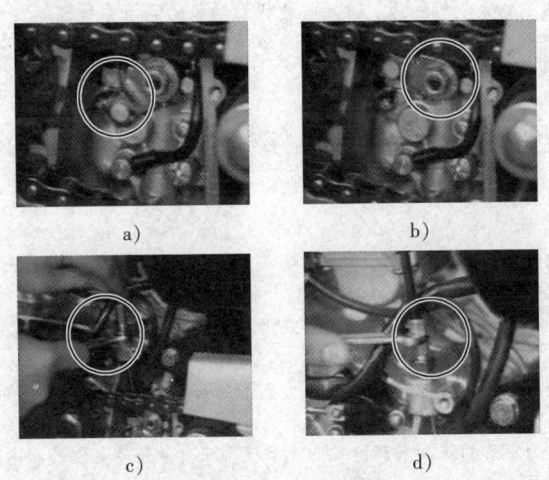

图4-18 调整机油泵操作步骤

a) 拆开机油泵盖 b) 观察标记 c) 拧松调节锁紧螺母 d) 转动螺管

3. 调整螺管时，用呆扳手先拧松调节锁紧螺母。松开调节锁紧螺母，每次以1/4圈为宜，如图4-18c所示。

4. 转动螺管到规定的钢索自由行程。调整完毕，再一次检查油门握把转到底时记号是否仍然对准，否则需继续调整，直到对准为止，如图4-18d所示。

> **小知识**
>
> **四冲程发动机润滑系统**
>
> 由于各种发动机的进气是依靠专门的配合机构来完成的，不需要在曲柄室对可燃混合气进行预压缩，所以四冲程发动机的曲柄室和变速器室是相通的，都可以存储一定数量的机油。因此四冲程发动机的润滑系统与二冲程发动机的不同，四冲程发动机不需要将机油与汽油混合雾化后润滑零部件。另外，由于气缸盖上的配气机构需要润滑，因此四冲程发动机润滑系统一般采用压力润滑与飞溅润滑相结合的润滑方式。
>
> 在该润滑系统中，曲轴的左右主轴承、连杆大头轴承、凸轮轴轴承和变速器主、副轴轴承等高速重负荷部位都采用压力润滑，其润滑油道设置在曲轴箱箱体及轴的心部。对其他难以实现压力润滑的部位则利用曲轴、齿轮等旋转飞溅起来或重力下落的机油来润滑，如气缸壁、正时链轮等部件的润滑。
>
> 如图4-19所示，其工作原理如下：

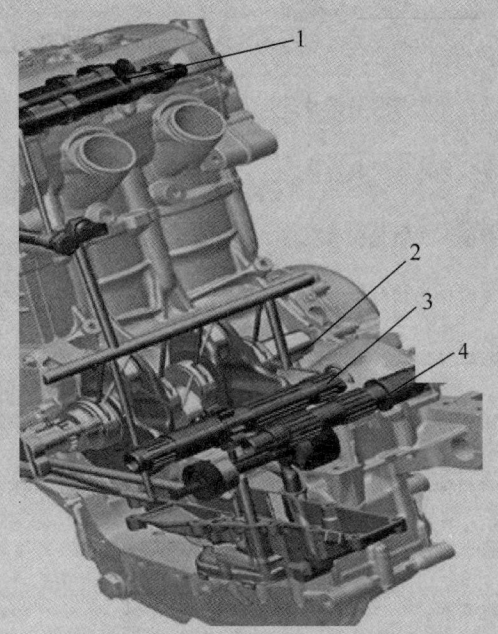

图 4-19 四冲程发动机润滑系统
1—凸轮轴 2—曲轴 3—主轴 4—副轴

在曲轴箱中加注一定量的机油。当发动机工作时,曲轴上的初级主动齿轮带动油泵上的从动齿轮旋转,则油泵处于工作状态。曲轴箱底部的机油通过滤油网过滤后被吸入油泵,然后从油泵的出油口压出,输入右曲轴箱上的高压油道中,然后分成四路:

第一路机油从右曲轴箱经气缸体、气缸盖到凸轮轴,用来润滑凸轮轴轴承及凸轮、摇臂、摇臂轴、气门、正时链轮等零件,剩下的机油经气缸体上的正时链轮通过腔流回曲轴箱。

第二路机油从右曲轴箱盖经离心式滤清器、曲轴中心孔送到曲柄销上，润滑连杆大头轴承，并依靠旋转惯性甩出，用来润滑连杆小头轴承、气缸壁、活塞等零件，剩余的机油流回曲轴箱。

第三路机油从右曲轴箱经左曲轴箱进入传动主轴中心的油孔内，用来润滑传动主轴与变速齿轮的相对滑动表面，同时也润滑了主轴轴承及安装在主轴上的离合器，剩余的机油流回曲轴箱。

第四路机油直接从右曲轴箱进入传动副轴的中心油孔内，用来润滑传动副轴与变速齿轮的相对滑动表面，同时也润滑了副轴轴承，剩余的机油也流回曲轴箱。而曲轴箱中其余的运动件，如齿轮的啮合面、拨叉、变速鼓等，则依靠飞溅的机油进行润滑。

## 模块六　摩托车发动机简单故障诊断与排除作业

### 技能　诊断与排除一般油路故障

燃油系统由燃油箱、燃油箱开关、燃油箱盖、燃油管、化油器等构成。诊断与排除一般油路故障就是保持油路畅通，为化油器混合和燃烧提供有力保障。

诊断与排除一般油路故障的主要内容：诊断与排除燃油管、燃油箱开关、燃油箱、燃油箱盖故障等。

诊断与排除一般油路故障所需工具：一字旋具、十字旋具、盛具、清洗剂、抹布、空压机、玻璃纤维、焊接设备等。

诊断与排除一般油路故障，具体操作步骤如下所述。

1. 燃油管

➡ 故障现象：燃油管老化。

🌀 故障原因：燃油管自然老化或被腐蚀。

🔧 故障排除方法：检修燃油管，特别注意检查接头处的连接情况，有任何缺陷的燃油管都必须更换。

➡ 故障现象：燃油管损伤。

🌀 故障原因：外部冲击。

🔧 故障排除方法：检修燃油管，特别注意检查接头处的连接情况，有任何缺陷的燃油管都必须更换。

➡ 故障现象：燃油管接头泄漏。

🌀 故障原因：接头处卡箍松动。

🔧 故障排除方法：检修燃油管，特别注意检查接头处的连接情况，有任何缺陷的燃油管都必须更换。

2. 燃油箱开关

➡ 故障现象：燃油滤清器污物明显。

◎ 故障原因：油料本身有异物或燃油箱锈蚀。

🔧 故障排除方法：检修燃油箱开关，清洗燃油滤清器。清洗或更换燃油滤清器时，燃油箱开关应处于关闭（off）状态。

➡ 故障现象：燃油滤清器变成黄色或已堵塞。

◎ 故障原因：燃油滤清器长期受到污染。

🔧 故障排除方法：检修燃油箱开关，清洗燃油滤清器。清洗或更换燃油滤清器时，燃油箱开关应处于关闭（off）状态。

➡ 故障现象：燃油箱开关密封渗漏。

◎ 故障原因：密封圈腐蚀损坏。

🔧 故障排除方法：检修燃油箱开关，更换密封圈。更换密封圈前，拧紧燃油箱开关。

3. 燃油箱

➡ 故障现象：燃油箱外壁有油迹。

◎ 故障原因：燃油箱受损，焊缝处或其他部位产生裂纹。

第4单元 摩托车发动机维修作业

🔧 故障排除方法:检修燃油箱,对细小裂纹采用焊接方式修补;塑料燃油箱用玻璃纤维来修补;裂纹面积太大时,应更换新燃油箱。

➡ 故障现象:燃油箱内壁锈蚀。

◉ 故障原因:水蒸气和尘土进入燃油箱产生污染。

🔧 故障排除方法:检修燃油箱,定期用机油和汽油的混合油冲洗燃油箱。

4. 燃油箱盖

➡ 故障现象:燃油箱盖空气孔被堵塞。

◉ 故障原因:灰尘、颗粒等污物进入燃油箱盖空气孔。

🔧 故障排除方法:用压缩空气疏通。

> 小知识

**摩托车油路故障与电路故障的区别**

摩托车维修人员在判断故障产生原因的时候,往往用是油路的原因还是电路的原因来分类别判别,因两者有明显的现象。油路故障,形成的时间较长,反映出来有些缓慢,最终越积越多,越积越严重。电路故障,一般没有时间延缓,一旦出现故障,立刻显现出来,即故障出现得很快、很突然。

# 第5单元 摩托车传动系统维修作业

## 模块一 驱动链条维修作业

### 技能 检修与调整驱动链条

链条传动的零件结构简单，使用普遍。但链条由于受力大，线速度高，润滑条件很差，磨损较大，比较容易产生变形，链条松弛、下垂过多将引发脱链。因此，调整驱动链条的主要内容就是保养和调整驱动链条松紧度。

调整摩托车驱动链条所需工具：盛具、清洗剂、毛刷、机油壶、钢直尺、呆扳手等。

调整摩托车驱动链条，具体操作步骤如图5-1所示。

### 1. 保养链条

（1）拆下链条，置于有清洗剂的盛具中，用毛刷清洗后，用棉布抹干净，如图 5-1a 所示。

（2）在整个链条上滴注一些机油，然后装回摩托车上，如图 5-1b 所示。

（3）装配链条时，注意链条锁片开口应背向链条的行进方向，切不可装错，如图 5-1c 所示。

### 2. 检查链条松紧度

（1）把摩托车支起来，使后轮离开地面。

（2）直接用手指上下拨动链条，用钢直尺检查链条松紧度。摩托车链条的松紧度值一般为 10~20 mm，如图 5-1d 所示。

### 3. 调整链条

（1）拧松后制动拉杆调节螺母，松开轮轴上的锁紧螺母。

（2）向内拧动链条调节器调节螺钉，使轮轴后移。

（3）调整完毕，拧紧后制动拉杆调节螺母，按规定扭矩旋紧后轮轴螺母。大多数摩托车在后摇臂和调节装置上设有调节刻度，车轮两端刻线一定要一致，如图 5-1e 所示。

### 4. 整理

（1）拧紧锁紧螺母，转动后轮，看是否与车架在一条中心线上。

(2) 因为调整后轮轴位置时,后制动踏板的自由行程将发生变化,所以一般在调整好链条后还需调整后制动踏板的自由行程,如图 5-1f 所示。

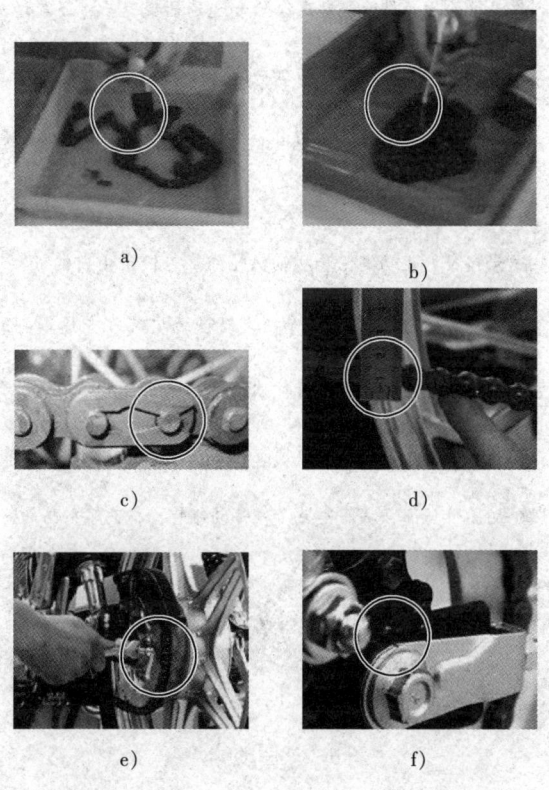

图 5-1 摩托车驱动链条调整操作步骤
a) 清洗链条 b) 涂抹机油 c) 安装链条
d) 检查链条 e) 调整链条 f) 检查一致性

> 小知识

### 摩托车传动系统

摩托车发动机产生的转矩是很小的,用它来直接驱动摩托车前进就显得动力不足。因此,发动机输出的转速经过离合器和变速器变速后,还应增加一个减速装置,以便更经济、更合理地利用发动机动力。通常将最后一级减速装置称为二次传动装置。其传动方式一般有链传动、带传动、轴传动和齿轮箱式传动。

1. 链传动

链传动由传动链条、主动链轮和从动链轮组成。链条由内链板、外链板、销轴、套筒、滚子等组成,如图5-2所示;主动链轮安装在变速器副轴末端,如图5-3所示;从动链轮用螺栓固定在缓冲体上,如图5-4所示。缓冲体通过橡胶缓冲块与后轮毂相连接,车辆在变速换挡时的动力就不是通过金属件的硬性传递,而是通过橡胶件的柔性传递,从而避免了机件的损坏,提高了乘骑的舒适性。

图5-2 驱动链条

图5-3 主动链轮

图5-4 从动链轮

链传动结构简单，机械零件少，制造和检修都很方便。链传动作为传动装置的一种方式，在国内外摩托车上应用较为普遍，一般用在中等功率和大功率的摩托车上，例如，嘉陵-本田 JH70、JH125，重庆-雅马哈 CY80、XF125、NF125 等。

2. 带传动

摩托车通常采用 V 带进行传动，带传动由 V 带、主动带轮、从动带轮等零件构成，如图 5-5 所示。这种传动方式结构简单，又能获得无级变速，且传动平稳，主要用于轻便摩托车或坐式摩托车。由于 V 带传动靠摩擦传递动力，传动中带与带轮之间有相对滑动，因此，带传动有工作可靠性差、传动比不稳定、传动效率低等缺点。

3. 轴传动

如图 5-6 所示，用齿轮轴将发动机输出的动力传递到后轮上，这种传动方式称为轴传动，如明星 MX50、雅马哈 MA50 轻便摩托车即采用轴传动。这种传动方式具有结构紧凑、噪声小、强度高等特点。但各零部件制作和安装精度要求较高，因此，制造困难，成本高。另外这种传动方式与齿轮传动方式一样均是固定传动比，不能充分发挥发动机的功率，故应用不太广泛。

### 4. 齿轮箱式传动

轻便摩托车中采用无级变速的，大都在后轮上装有减速器，又称齿轮箱式传动装置。如嘉陵 CJ50 型轻便摩托车上的齿轮箱式传动装置，采用双级减速系统，并设有挂挡机构，如图 5-7 所示。在动力输入轴上有小斜齿轮，动力输入轴两端分别装有滚动轴承和滚针轴承。与小斜齿轮啮合的是中间齿轮轴上的大斜齿轮。中间齿轮轴上装有直齿轮，它与动力输出轴上的末级齿轮啮合。末级齿轮在动力输出轴上可以轴向滑动。当向上扳动拨叉组合转换手柄时，末级齿轮内的花键连接在一起。此时，末级齿轮正好和中间齿轮轴的直齿轮啮合，从而输出动力。当向下扳动拨叉组合转换手柄时，末级齿轮受到拨叉组合的压力而在动力输出轴上移动，内花键与外花键脱开，从而切断动力的传递。

图 5-5　带传动

图 5-6　轴传动

图 5-7　齿轮箱式传动

# 模块二  传动带维修作业

## 技能  检查与更换传动带

踏板摩托车是无级变速的,也就是没有挡的,它是通过超越离合器来切换高速和低速的,也就是说是靠前驱动盘和后离合器盘摩擦传动带的两侧来改变传动比,从而实现起步、加速、减速。因此,传动带一般情况下不能调整,但可以更换。一般在更换之前,先检查传动带的松紧程度。检查方法有手指触压法和皮带张紧表法两种。

检修摩托车传动带所需工具:钢直尺、套筒扳手、皮带张紧表等。

检修摩托车传动带的具体操作步骤如图 5-8 和图 5-9 所示。

### 一、手指触压法

用手指触到传动带上端,用 30~50 N 的力压下传动带,用钢直尺直接测量压下的高度,其值应为 10~15 mm,如图 5-8 所示。如果大于 15 mm 则为传动带松弛，应更换新传动带。

图 5-8　手指触压传动带

## 二、皮带张紧表法

1. 完全按下手柄（球体），让挂钩咬合到传动带上，如图 5-9a 所示。皮带张紧表必须与传动带呈垂直状态。

2. 挂钩压到传动带边上，然后释放手柄。

读取指针刻度盘上的张力数值，确认张力是否正常，如图 5-9b 所示。

3. 测试完成后，按下手柄，取下皮带张紧表，如图 5-9c 所示。

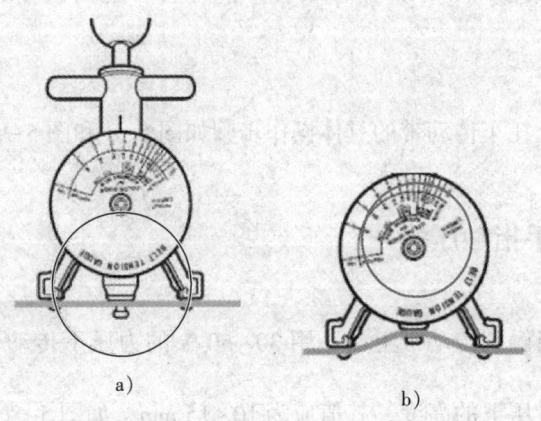

c)

图 5-9 采用皮带张紧表法的操作步骤

a）咬合 b）读数 c）卸表

> ### 小知识
>
> #### 摩托车带传动特点
>
> 摩托车带传动结构如图 5-10 所示。
>
>
>
> 图 5-10 摩托车传动带传动
>
> 1. 带传动的优点
>
> （1）适用于两轴中心距较大的传动场合。

(2) 工作时传动平稳无噪声，能缓冲、吸振。

(3) 工作中如遇到过载，传动带将会在带轮上打滑，可防止薄弱零部件损坏，起到安全保护作用。

(4) 造价低廉，不需要润滑，维护方便等。

2. 带传动的缺点

(1) 不能保证精确的传动比。

(2) 滑动损失。传动带在工作时，由于带轮两边的拉力差以及相应的变形差形成弹性滑动，导致带轮与从动轮的速度损失。

(3) 过载时将引起打滑，使传动带的运动处于不稳定状态，效率急剧下降，磨损加剧，严重影响传动带的寿命。

(4) 滞后损失。传动带在运行中会产生反复伸缩，特别是带轮上的挠曲会使传动带体内部产生摩擦引起功率损失。

# 第6单元 摩托车操纵控制系统维修作业

## 模块一 摩托车油门操纵钢索调整

### 技能 调整油门操纵钢索自由行程

摩托车油门操纵钢索经常受到摩托车振动或外界碰撞的影响,致使钢索本身和回位弹簧出现故障,因此,必须经常检查和调整摩托车油门握把和油门操纵钢索。

调整油门操纵钢索自由行程所需工具:钢直尺、呆扳手等。

调整油门操纵钢索自由行程,具体调整操作步骤如图 6-1 所示。

**1. 检查**

(1) 检查油门操纵钢索与油门握把连接处和油门操纵钢索与化油器连接处是否可靠,如图 6-1a 所示。

(2) 查看回位弹簧是否老化。

(3) 检查钢索内部是否产生毛刺。

### 2. 检测自由行程

转动油门握把,转动自如,有一定自由行程,自由行程为 2~6 mm,如图 6-1b 所示。

### 3. 松开锁紧螺母

用呆扳手松开油门握把前下方的钢索锁紧螺母。螺母松开不宜过多,以每次松开不超过 1/4 圈为宜,如图 6-1c 所示。

### 4. 转动调节螺管

用呆扳手转动调整螺管,反复转动油门握把使自由行程达到规定值,沿顺时针方向转动为拉紧钢索,沿逆时针方向转动为放松钢索,如图 6-1d 所示。

### 5. 安装回位

调整好后,用呆扳手重新拧紧锁紧螺母,如图 6-1e 所示。

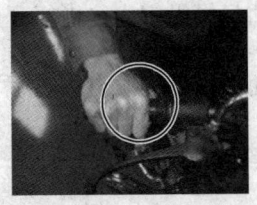

a)　　　　　　　　b)

# 第 6 单元 摩托车操纵控制系统维修作业

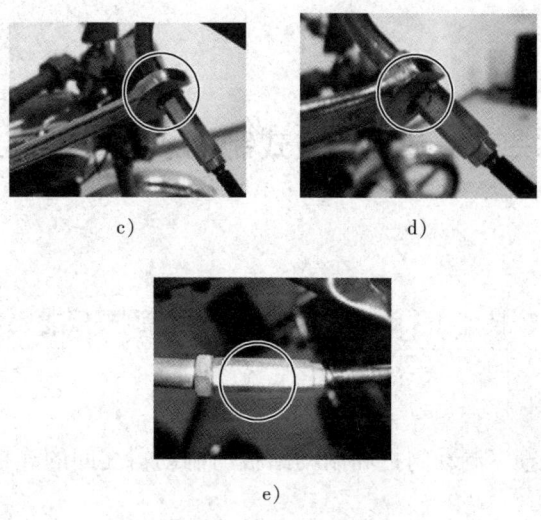

图 6-1 调整油门操纵钢索操作步骤

a) 检查 b) 检测自由行程 c) 松开锁紧螺母
d) 转动调节螺管 e) 安装回位

> **小知识**
>
> **摩托车油门**
>
> 摩托车的油门是指控制化油器出油多少的节气门或柱塞,运动传递路径是油门握把→油门操纵钢索→化油器节气门或柱塞,当节气门或柱塞变动时即带来出油量的改变。

# 模块二 摩托车鼓式制动系统维修作业

## 技能1 摩托车鼓式制动系统调整技能

由于磨损,制动闸把和制动踏板与制动器之间的连接距离会伸长,从而加大自由行程。调整的目的是消除增大的自由行程,使之达到规定的数值。一般摩托车行驶1 000 km后,制动系统应定期检查、调整和维修。

调整鼓式制动系统所需工具:钢直尺、呆扳手等。

### 一、调整前制动钢索自由行程操作步骤

调整前制动钢索自由行程,具体调整操作步骤如图6-2~图6-4所示。

**1. 检查**

(1) 支起摩托车主支架,使前轮离地。

(2) 使用钢直尺检查前制动闸把的自由行程。

(3) 调整完毕,再一次检查前制动闸把的自由行程,一般为 10~20 mm,如图 6-2 所示。

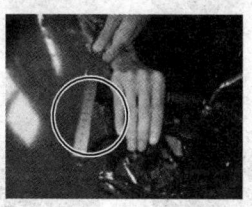

图 6-2 检查前制动闸把的自由行程

2. 调整调节螺管

(1) 取下防尘套,松开锁紧螺母,如图 6-3a 所示。

(2) 旋转调节螺管,沿逆时针方向旋转,自由行程增大;沿顺时针方向旋转,自由行程减小,如图 6-3b 所示。

(3) 按前述方法检查自由行程,如图 6-3c 所示。

(4) 当自由行程符合要求时,拧紧锁紧螺母,如图 6-3d 所示。

(5) 装上防尘套,检查闸把是否转动灵活,如图 6-3e 所示。

(6) 用主支架架起摩托车,使前轮离地,转动车轮,查看其经过制动调整后是否转动自如,如图 6-3f 所示。

3. 调整拉杆螺母

(1) 用呆扳手直接转动拉杆尾端调整螺母,沿顺时针方向调整螺母,自由行程减小;沿逆时针方向调整螺母,自由行程增大,如图 6-4a 所示。

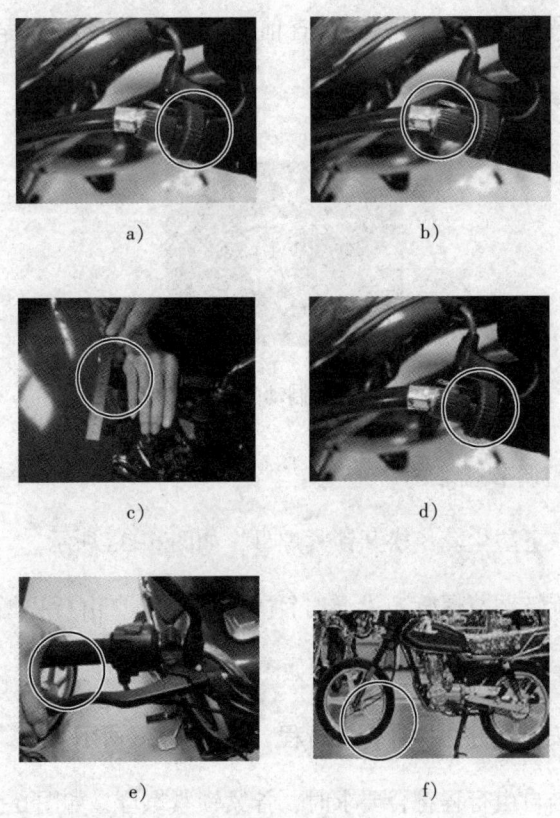

图 6-3 调整调节螺管操作步骤
a) 松开锁紧螺母 b) 旋转调节螺管 c) 检查自由行程
d) 拧紧锁紧螺母 e) 检查闸把 f) 检查前轮

(2) 按前述检查方法,在闸把处检查自由行程,如图 6-4b 所示。

(3) 反复调整,直到符合要求,把螺母推入拉杆槽内,如图 6-4c 所示。

第6单元 摩托车操纵控制系统维修作业

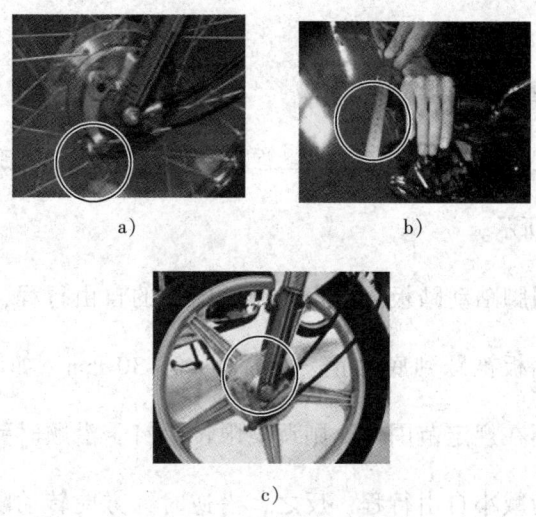

图 6-4 调整拉杆螺母操作步骤

a) 调整拉杆螺母 b) 检查闸把处自由行程 c) 固定螺母

> **提示**
>
> 1. 调节完毕，锁紧螺母的凹槽与调节螺管的凹槽不能对齐，调节螺管的凹槽不能向上。
>
> 2. 拉杆尾部螺纹部分要露出螺母 2~5 mm。
>
> 3. 调整调节螺管与调整拉杆螺母均为调整前制动钢索自由行程的方法，首先调整调节螺管，在微调不能到位的情况下，再采用调整拉杆螺母的方法。

## 二、调整后制动踏板自由行程步骤

后制动踏板自由行程，具体调整操作步骤如图 6-5~图 6-7

所示。

**1. 检查与调整限位螺钉**

(1) 支起摩托车主支架,注意观察限位螺钉是否与挡板贴紧,如图 6-5a 所示。

(2) 用脚踏动踏板,检查后制动踏板的自由行程,从踏动踏板开始到踏板被踩到底为止,通常为 20~30 mm,如图 6-5b 所示。如果不在规定范围内,则调整限位螺钉,沿顺时针方向转动限位螺钉为减小自由行程;反之,沿逆时针方向转动限位螺钉为增大自由行程。

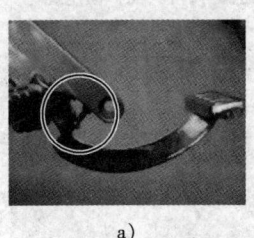 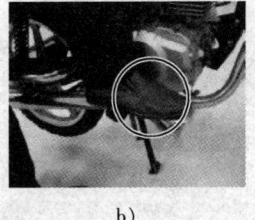

a) b)

图 6-5 检查后制动自由行程操作步骤

a) 检查限位螺钉 b) 检查自由行程

**2. 调整拉杆螺母**

把拉杆螺母拉出制动臂的 U 形槽。用呆扳手转动位于制动拉杆尾端的拉杆螺母,沿顺时针方向转动拉杆螺母为减小自由行程,沿逆时针方向转动拉杆螺母为增大自由行程。调整完毕,将拉杆螺母放回制动臂U形槽内,如图6-6所示。

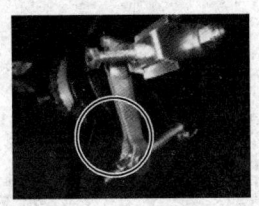

图6-6 调整拉杆螺母操作步骤

3. 调整制动灯开关

(1)取下位于摩托车右侧制动踏板附近的侧盖。按前述检查方法,检查制动踏板,当制动踏板向下移动20 mm的距离时,制动灯应开启,否则应进行调整,如图6-7a所示。

(2)如果制动自由行程不合适,用呆扳手旋转制动灯开关上的调整螺母,沿顺时针方向转动调整螺母为缩短自由行程,反之为增大自由行程。调整完毕,检查制动自由行程是否在规定范围内,如图6-7b所示。

a)
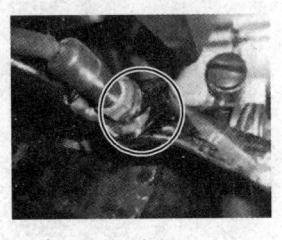
b)

图6-7 调整后制动灯开关操作步骤
a)检查自由行程 b)调整制动灯调整螺母

>  提示
>
> 1. 从脚踏下制动踏板到接触限位螺钉为止的距离为 20~30 mm。
>
> 2. 拉杆尾部螺纹部分要露出螺母 5~10 mm。
>
> 3. 当调整后制动踏板时，后制动灯开关也要同时调整。

## 三、检查制动蹄块摩擦片磨损步骤

检查制动蹄块摩擦片磨损，具体调整操作步骤如图 6-8 所示。

1. 按前述检查自由行程方法，将制动闸把握到底或将制动踏板踩到底，如图 6-8a 所示。

2. 检查制动器盖上的极限位置标记（通常为"▽"）与指示板上的箭头是否对齐。如果对齐，说明制动器磨损严重，需要维修制动器，如图 6-8b 所示。

a)

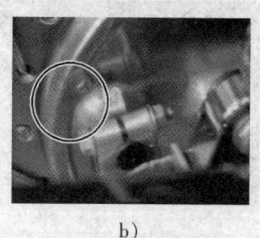
b)

图 6-8 检查制动蹄块摩擦片磨损操作步骤
a) 踩制动踏板 b) 检查标记

## 提示

"▽"标记与箭头应错位,如果对齐则说明磨损严重。

## 小知识

### 摩托车制动系统

摩托车制动系统的作用是给摩托车施加一个阻止其转动的力矩,达到减速直至停车的目的。一般摩托车的前轮制动器用手操纵,后轮制动器用脚操纵。

摩托车制动器按结构分为鼓式制动器和盘式制动器两种;按驱动方式可分为机械式制动器和液压式制动器。

鼓式制动系统的结构如图6-9所示,它由制动臂、制动凸轮、支承轴、制动蹄块、制动鼓、制动弹簧等零部件组成。

鼓式制动系统的工作原理:手握制动闸把或脚踏制动踏板时,制动钢索或制动拉杆带动制动臂转动一定的角度,因制动臂的另一端与制动凸轮连接在一起,制动凸轮也转动一定的角度,其实也就是制动凸轮克服制动弹簧拉力把制动蹄块撑开的过程,制动蹄块上的摩擦片与制动鼓相接触,产生制动效能。反之,松开制动闸把或制动踏板,制动弹簧回位,将制动蹄块拉回原位置,制动效果解除,如图6-9所示。

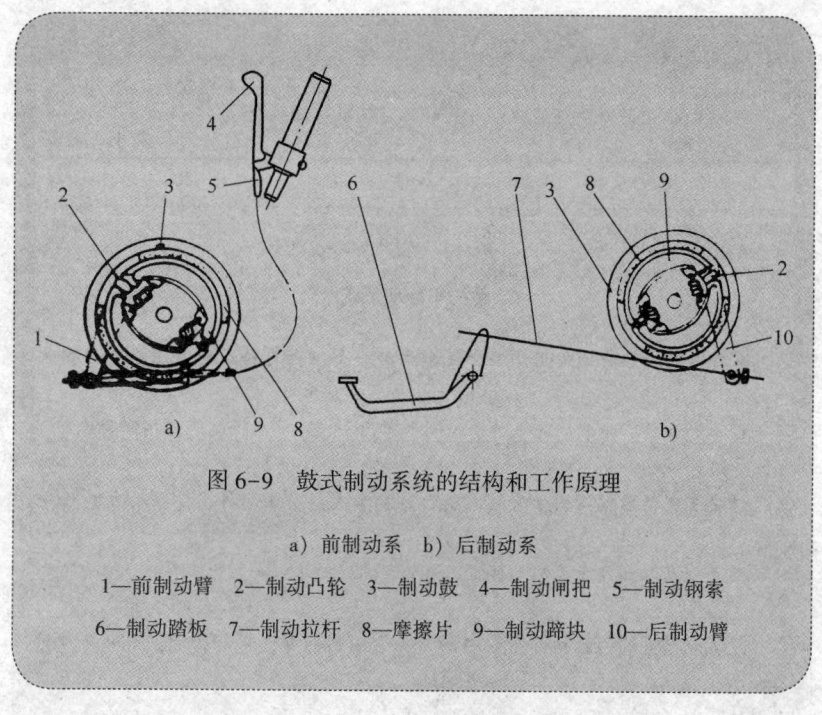

图6-9 鼓式制动系统的结构和工作原理

a) 前制动系 b) 后制动系

1—前制动臂 2—制动凸轮 3—制动鼓 4—制动闸把 5—制动钢索
6—制动踏板 7—制动拉杆 8—摩擦片 9—制动蹄块 10—后制动臂

## 技能2 摩托车鼓式制动系统小修作业

鼓式制动系统由制动鼓、制动蹄块、制动凸轮、制动弹簧、制动臂等零部件组成。鼓式制动系统小修作业的主要内容是拆卸与装配两个作业点。

鼓式制动系统小修作业需要的工具：一字旋具、十字旋具、呆扳手等。

## 一、拆卸前制动系组件操作步骤

拆卸前制动系组件,具体操作步骤如图 6-10 所示。

1. 将摩托车支起来,使前轮离开地面,如图 6-10a 所示。

2. 拆下车速里程表软轴、制动钢索,如图 6-10b 所示。

3. 拧下轮轴螺母,取出轮轴,如图 6-9c 所示。

图 6-10 拆卸前制动系组件操作步骤

a) 支起前轮  b) 拆卸车速里程表软轴、制动钢索
c) 取出轮轴  d) 卸下车轮

4. 卸下车轮,将制动器底板卸下待分解,如图 6-10d 所示。对于前制动系组件的拆卸,各种车型的拆卸步骤基本一致。

## 二、拆卸后制动系组件操作步骤

拆卸后制动系组件,具体操作步骤如图 6-11 所示。

1. 旋下后制动器定位螺栓。

2. 拧松右侧链条张紧器锁紧螺母,旋松右侧链条张紧器并压下张紧器。

3. 卸下后制动器调整螺母。

4. 拧松左侧链条张紧器锁紧螺母,旋松左侧链条张紧器并压下张紧器。

5. 充分旋松后轮轴螺母但不松掉。

6. 将车轮往前移动,拆下驱动链条。

7. 拆下后轮。

8. 取下后制动器底板待分解。

如图 6-11a、图 6-11b 所示。

 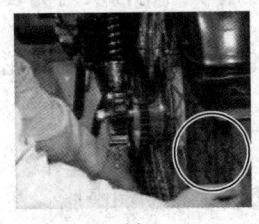

a) b)

图 6-11 拆卸后制动系组件操作步骤

a) 拆卸后制动系组件 b) 卸下后轮

## 三、分解制动器操作步骤

分解制动器,具体操作如图 6-12 所示。

1. 拆下制动器盖上的开口销。

2. 拆卸制动蹄块和制动弹簧。

3. 拆卸制动凸轮。

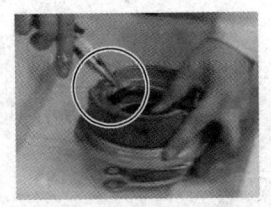

图 6-12 分解制动

## 四、装配制动器操作步骤

装配制动器,具体操作如图 6-13 所示。

1. 在凸轮和销上涂上少量的锂基润滑脂。

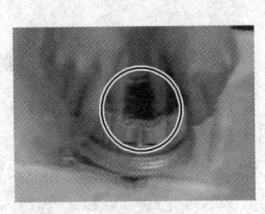

图 6-13 装配制动器

2. 将弹簧装入制动蹄上。

3. 将制动凸轮轴从内侧装入制动器盖孔。

4. 使一块制动蹄靠在凸轮和销上，用手拉开另一块制动蹄，使其也靠在凸轮和销上。

5. 擦去多余的润滑脂，注意不要使油脂落到摩擦片上。

## 五、装配制动系组件操作步骤

装配制动系组件，具体操作步骤如下：

1. 将油封圈浸入少量机油后装入制动器盖孔。

2. 将制动器盖组件装入轮毂。

3. 装上磨损指示牌，使制动臂上的标记与制动凸轮轴轴端上的标记对准。

4. 将制动臂装入制动凸轮轴上。

5. 最后装入制动臂夹紧螺栓、螺母，按规定力矩拧紧螺母。

6. 用手扳动制动臂，制动凸轮推开制动蹄块后复位迅速，即为合格。

> **小知识**
>
> **摩托车鼓式制动器**
>
> 鼓式制动器的结构如图6-14所示。制动鼓嵌铸在车轮的轮毂内，随车轮

一起转动。制动蹄块在制动弹簧的作用下,一端紧靠支承轴,另一端紧靠制动凸轮(制动轮缸)。制动蹄块靠凸轮(制动轮缸)端称为蹄尖,另一端称为蹄尾。制动臂安装在制动凸轮(制动轮缸)的花键上,在制动钢索或制动拉杆的作用下,带动制动凸轮(制动轮缸)一起转动。

图 6-14 鼓式制动器

1—制动鼓 2—制动凸轮(制动轮缸) 3—制动蹄块 4—制动弹簧

制动凸轮(制动轮缸)转动(移动)使制动蹄块张开时,绕支承轴张开的方向与制动鼓转动方向一致的制动蹄块称为主蹄,绕支承轴张开的方向与制动鼓转动方向相反的制动蹄块称为副蹄。主蹄的张开力使同向转动的制动鼓的制动力得到增强,因而产生较大的制动力矩。

### 技能3　诊断与排除摩托车鼓式制动器简单故障

摩托车制动装置分为鼓式制动装置和液压盘式制动装置。制动系统维修包括制动系统的故障诊断、调整、检修和损坏零件的更换。摩托车鼓式制动系统的主要故障有：制动蹄块摩擦片严重磨损、制动蹄块摩擦片被油沾污或被水浸湿；制动蹄弹簧弹力减弱或折断；制动凸轮严重磨损、润滑性差或锈蚀；制动鼓严重磨损、锈蚀；操纵钢索缺少润滑或断股卡在外套上；前制动闸把、后制动踏板自由行程过大或过小。

诊断与排除摩托车鼓式制动器简单故障所需工具：一字旋具、十字旋具、抹布、润滑脂、游标卡尺等。

诊断与排除摩托车鼓式制动器简单故障，具体操作步骤如下所述。

### 一、制动效果明显下降

◉ 故障原因：

1. 制动蹄损伤。

2. 制动蹄块摩擦片有油污。

3. 制动蹄块摩擦片磨损。

🔧 故障排除方法：具体操作如图6-15所示。

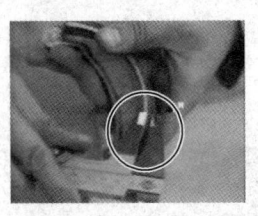

图6-15 检测制动蹄块摩擦片

1. 检查制动蹄有无损伤，如有损伤应更换。

2. 检查制动蹄块摩擦片上是否有油渍。如果制动蹄块摩擦片上粘有油渍，应更换制动蹄块。

3. 用游标卡尺测量制动蹄块摩擦片的厚度。如果磨损量过大，应换上新的制动蹄块。

## 二、制动器有异响，操纵制动时制动器受力不均匀

@ 故障原因：制动毂严重磨损、锈蚀、变形。

🔧 故障排除方法：具体操作如图6-16所示。

图6-16 检测制动毂

用游标卡尺测量制动毂，当制动毂磨损量较小时，可进行修复；磨损量过大时，只能更换新的制动毂。

## 三、制动凸轮松动

🌀 故障原因：制动凸轮润滑差，磨损严重。

🔧 故障排除方法：具体操作如图 6-17 所示。

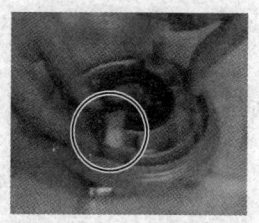

图 6-17　检查制动凸轮

1. 检查制动凸轮，如果制动凸轮磨损严重，将直接影响制动效果，应更换。

2. 在制动凸轮接触表面处涂润滑脂，以降低磨损。

## 四、制动踏板或制动闸把复位变慢

🌀 故障原因：制动弹簧异常变形。

🔧 故障排除方法：具体操作如图 6-18 所示。

图 6-18　检查制动弹簧

1. 检查时，先用手扳动弹簧，查看制动弹簧是否有异常变形。

2. 也可用游标卡尺测量弹簧长度，如果超出维修规定的极限值，应更换全部制动弹簧。

## 五、制动踏板或制动闸把太紧或太松

故障原因：

1. 制动蹄块摩擦片磨损。

2. 后轮链条张紧度被调整以后，制动自由行程发生改变。

故障排除方法：调整制动踏板自由行程或制动闸把自由行程，如图 6-19 所示。

图 6-19　调整自由行程

> **提示**
>
> 1. 更换制动蹄块时，不论是一个制动蹄块损伤，还是两个制动蹄块损伤，两个制动蹄块都应该同时更换。
>
> 2. 从制动毂和制动蹄块摩擦片做相对运动来说，制动毂的强度远远大于制动蹄块摩擦片。制动毂一般情况下不容易损坏。
>
> 3. 一般情况下，如果制动毂磨成喇叭口或出现沟槽时都必须更换新的制动毂。

## 小知识

### 摩托车盘式制动器

盘式制动器有机械式和液压式两种，目前多采用液压式。

盘式制动器具有制动效果好，制动平稳，散热好，工作可靠，维修方便等优点，目前在国产摩托车中的应用已比较普遍。但是，盘式制动防尘性差，制动块磨损大，结构较复杂，对液压油管要求更高，既不能在高压下产生膨胀，又要有一定的柔性，所以制造困难，成本较高。

目前，大功率的摩托车一般采用盘式制动器，如图6-20所示。

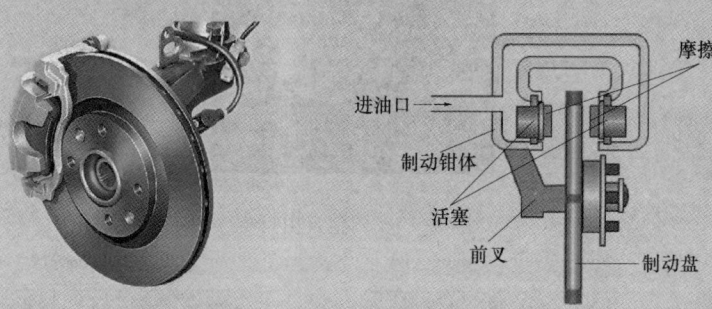

图6-20 盘式制动器

制动钳与前叉导向管固定在一起，是制动装置的固定部分。制动盘与车轮固定在一起，随车轮旋转，是制动装置的旋转部分。油管的一端接制动钳上主液压缸，内部充满液压油。制动钳由两个工作液压缸组成，每一个工作液压缸的前端顶着一块方形摩擦片。

当踏下制动踏板（或握紧制动闸把）时，活塞移动，推动液压油沿液压油管流入制动钳的两个工作液压缸。在液压油的作用下，工作液压缸推动摩擦片向制动盘靠近,使两边的摩擦片和制动盘的两端全面贴合,直至将制动盘紧紧地钳住,产生很大的摩擦阻力,迫使车轮停止转动,达到停车或减速的目的。

放松制动踏板(或制动闸把)时,油路中的压力迅速降为零,工作液压缸带动摩擦片恢复原位,解除制动。

液压盘式制动器制动力矩的大小取决于制动液压缸产生的压力和制动盘的直径。液压缸压力越大,制动钳和制动盘所产生的力矩越大;制动盘直径越大,制动力矩也越大。

# 模块三 摩托车离合器操纵系统维护作业

## 技能1 调整离合器自由行程

离合器是依靠摩擦元件的摩擦来传递运动和动力的机构,由于有磨损,离合器闸把自由行程会发生改变。因此,调整离合器自由行程就是调整离合器的主要内容。

调整离合器自由行程所需工具:一字旋具、十字旋具等。

调整离合器自由行程，具体操作如图 6-21～图 6-23 所示。

## 一、调整微调器（见图 6-21）

1. 拧松离合器操纵钢索上的锁紧螺母。

图 6-21 调整微调器

2. 转动调节螺管，沿顺时针方向转动为减小自由行程，沿逆时针方向转动为增大自由行程。自由行程的合适范围为 10～20 mm。

3. 调整合适后，拧紧锁紧螺母。调节完毕，锁紧螺母的凹槽与调节螺管的凹槽不能对齐，调节螺管的凹槽不能向上。

## 二、调整螺管

1. 调整前，拧松锁紧螺母。

2. 用呆扳手转动调整螺管，沿逆时针方向转动螺管为增大离合器自由行程，沿顺时针方向转动螺管为减小自由行程。自由行程的合适范围为 10～20 mm。采用起动发动机及操纵离合器闸把检查离合器是否分离彻底，也可检查出离合器自由行程是否在规定范围内。

3. 调整完毕，拧紧锁紧螺母，如图 6-22 所示。

## 三、调整螺钉

1. 用旋具松开右曲轴箱盖上的离合器调整盖固定螺钉,取下调整盖。

2. 如图 6-23 所示,用呆扳手转动调整螺钉,沿顺时针方向转动螺钉,可增大离合器自由行程;沿逆时针方向转动镙钉,可减小离合器自由行程。自由行程的合适范围为 10~20 mm。

图 6-22　调整螺管

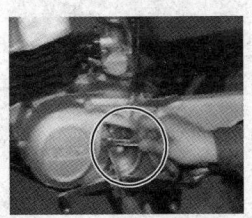
图 6-23　调整螺钉

3. 调整完毕,装回调整盖,拧紧固定螺钉。调整完毕,还需将离合器钢索上的调节螺管重新进行调节。

> **小知识**
>
> **摩托车离合器**
>
> 在发动机的动力传递路线中,离合器位于曲轴与变速器主轴之间,它的作用是把发动机的动力传递给变速器主轴,或者在必要时切断发动机与变速器主轴之间的动力联系。

离合器的基本结构应包括主动部分、从动部分、压紧机构和操纵机构四个部分。其中，主动部分、从动部分和压紧机构是保证离合器接合并传递动力，而操纵机构主要是使离合器分离以切断动力的传递。

按摩擦元件的形式，离合器可分为摩擦片式和蹄块式；按操纵方式可分为干式和湿式；按操纵方式还可分为手操纵式和自动离心式。最常见的有手操纵湿式多片离合器和自动离心干式蹄块离合器两种。

1. 手操纵湿式多片离合器

手操纵湿式多片离合器在摩托车发动机中的应用比较广泛。"手操纵"是指离合器的接合与分离是通过手放松或握紧离合器闸把来控制；"湿式"是指离合器浸在机油中工作，使离合器具有较好的耐磨性与散热性；"多片"是指摩擦元件为片状，且数目较多（一般为3~8片）。

这种类型的离合器根据其安装位置的不同可以分为安装在曲轴上的前置式离合器和安装在变速器主轴上的后置式离合器两种。

前置式离合器直接安装在曲轴上，如图6-24所示，故转速较高，但传递的转矩相对较小，因此要求摩擦片的尺寸、片数及压紧力都比较小，但磨损较严重，一般用于中、小型摩托车。

后置式离合器安装在变速器主轴上，曲轴的运动经过一级减速后传递到离合器，如图6-25所示，所以离合器的转速较低，磨损相对较小，但传递的转矩相对较大，因此要求摩擦片的尺寸、片数及压紧力都较大，一般适用于大、中型摩托车。

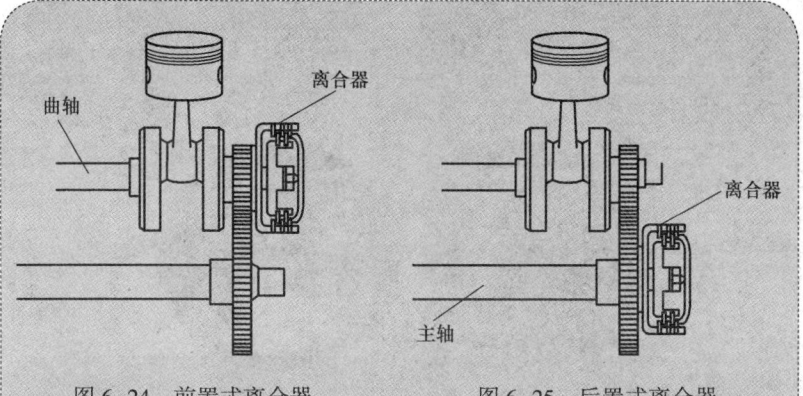

图 6-24 前置式离合器　　　　图 6-25 后置式离合器

手操纵湿式多片离合器具有工作可靠,分离和接合时圆滑无冲击、噪声低、径向尺寸小、耐热及耐磨性能好等优点;缺点是轴向尺寸较大,工作时因搅拌油而造成动力消耗且机油发热。

2. 自动离心干式蹄块离合器

自动离心干式蹄块离合器是根据发动机转速的高低来自动控制离合器的分离与接合的。如图 6-26 所示,嘉陵 CJ50 型摩托车离合器即为自动离心干式蹄块离合器,其结构由主动及从动两部分组成。

当发动机曲轴旋转速度升高,并使制动蹄块所产生的离心力大于拉簧作用于它的拉力时,制动蹄块则向外张开,其外侧圆周上的摩擦片与摩擦盘内圆表面紧密配合,从而起到传递动力的作用。摩擦力的大小与曲轴转速、摩擦片与摩擦盘的贴合面积及摩擦因数成正比。

若发动机曲轴旋转速度降低,并降到制动蹄块所产生的离心力小于拉簧的拉力时,制动蹄块则在拉簧拉力作用下与摩擦盘内圆表面脱开,底盘组合就随发动机一起怠速运转而摩擦盘不动。此时，离合器即处于分离状态，发动机的动力输出被自动切断。

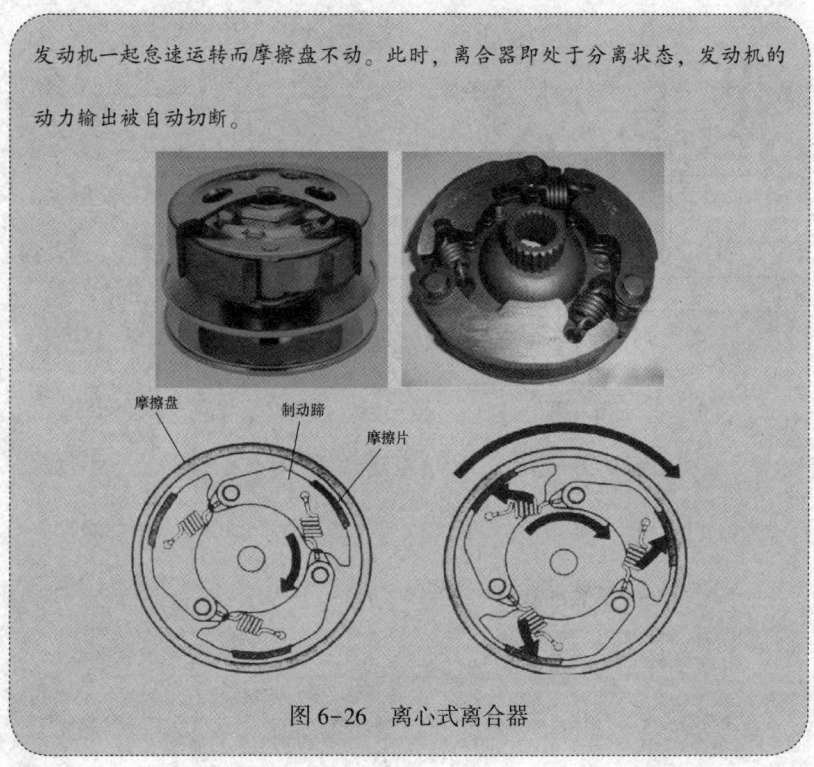

图6-26 离心式离合器

## 技能2 诊断与排除摩托车离合器简单故障

摩托车行驶时，经常出现操纵了离合器，还是有发冲的情况或出现行驶无力的现象，也有总感觉操纵离合器不到位的情况出现。这就是离合器出现的简单故障。

诊断与排除摩托车离合器简单故障的主要内容是诊断与排除离

合器打滑和离合器分离不彻底故障等。

诊断与排除摩托车离合器简单故障所需工具：一字旋具、十字旋具、机油、盛具、呆扳手等。

诊断与排除摩托车离合器简单故障，具体操作步骤如图 6-27～图 6-31 所示。

## 一、诊断与排除离合器打滑的简单故障

➡ 故障现象如下：

1. 摩托车起步一冲一顿。

2. 加大油门，车速得不到提高。

3. 上坡或超负载时，车辆行驶困难。

🌀 故障原因：离合器压紧力降低及工作表面状况恶化。

🔧 故障排除方法：如图 6-27 所示，调整离合器闸把的自由行程为 10～20 mm。

图 6-27　调整离合器闸把

## 二、诊断与排除离合器分离不彻底的简单故障

➡ 故障现象一：挂上挡后，摩托车出现一冲一顿现象。

@ 故障原因：有可能是驾驶人没有把离合器闸把握到底，而是半握离合器。离合器处于半接合状态，就不能使主动片和从动片彻底分离。

🔧 故障排除方法：正确操纵离合器闸把。驾驶人把离合器闸把握到底，如图6-28所示，使离合器的主动片、从动片分离开。

➡ 故障现象二：已把离合器闸把握到底，还是不能将离合器彻底分离。

@ 故障原因：使用时间长了，离合器摩擦片会受磨损，如图6-29所示，可能加大离合器的自由行程。

图6-28　握紧离合器闸把

图6-29　磨损的摩擦片

🔧 故障排除方法：调整离合器闸把自由行程。调整离合器闸把自由行程为 10~20 mm。

➡ 故障现象三：冷车有分离不彻底现象，运转发动机后这种现象有明显的好转。

@ 故障原因：出现这种现象则说明机油有问题。机油变质，出现胶质状态，粘住离合器致使分离困难，如图 6-30 所示。

图 6-30　机油变质

🔧 故障排除方法：更换机油。

➡ 故障现象四：摩擦片碎片掉在离合片之间，将离合器卡住。

@ 故障原因：离合器摩擦片损坏，碎片掉在离合片之间，将离合器卡住，使离合器不能彻底分离或分离时好时坏。

🔧 故障排除方法：检查摩擦片，并将掉在离合器片之间的摩擦片碎片取出，更换新的摩擦片，故障即可排除，如图 6-31 所示。

图 6-31　摩擦片损坏

> **小知识**
>
> ### 摩托车离合器操纵机构
>
> 离合器操纵机构的工作原理如图6-32所示。
>
> 常啮合态：主动盘紧贴从动盘→动力从主动轴传递给从动轴。
>
> 操纵离合器闸把：主动盘与从动盘出现较小间隙→主动盘开始逐步脱离紧贴的从动盘→从动盘动力开始下降。
>
>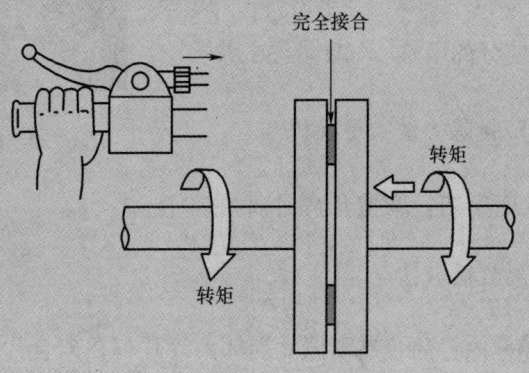
>
> 常啮合态
>
>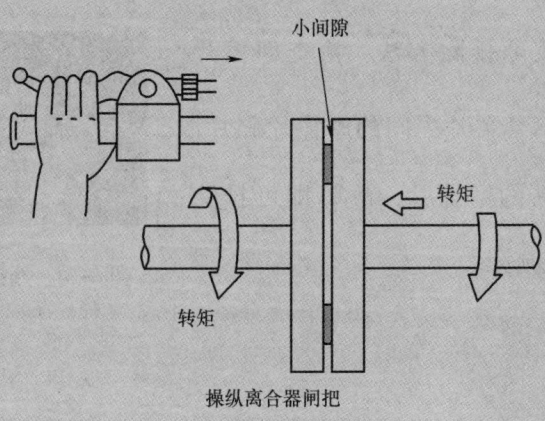
>
> 操纵离合器闸把

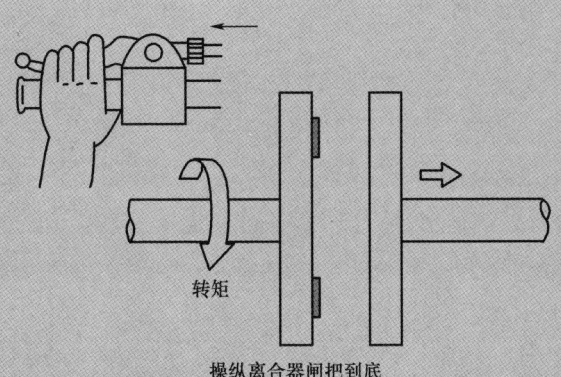

操纵离合器闸把到底

图 6-32 离合器操纵机构的工作原理

操纵离合器闸把到底：主动盘与从动盘分离→压紧状态被解除→脱开离合器，这样将不向离合器片传递动力。

手操纵湿式多片离合器操纵机构是比较典型的外推式离合器操纵机构，如图 6-33 所示，这是从外侧将压板推入来解除压紧状态的结构形式。离合器常态下处于接合状态，当握紧离合器闸把，通过拉杆转动压杆，压杆推动离合器压板，顶在压板上的弹簧被压缩，离合器主动盘通过摩擦片松开从动盘，离合器即可分开。

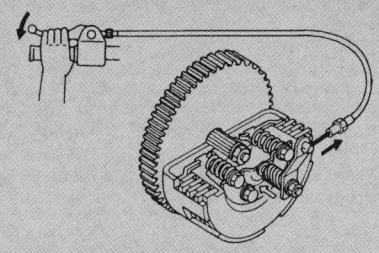

图 6-33 外推式离合器操纵机构

# 第 7 单元 摩托车行车系统维修作业

## 模块一 转向机构维护作业

### 技能 转向机构小修作业

摩托车转向机构主要由方向柱、方向把和上联板、下联板等零件构成,其作用是保证摩托车在行驶时的操纵稳定性和灵活性。转向机构小修作业的主要内容是拆卸、检查与装配三个作业点。

转向机构小修作业所需工具:套筒扳手、呆扳手、专用扳手、轴承座圈套筒等。

转向机构小修作业的具体操作步骤如图 7-1~图 7-4 所示。

## 一、拆卸转向机构（见图7-1）

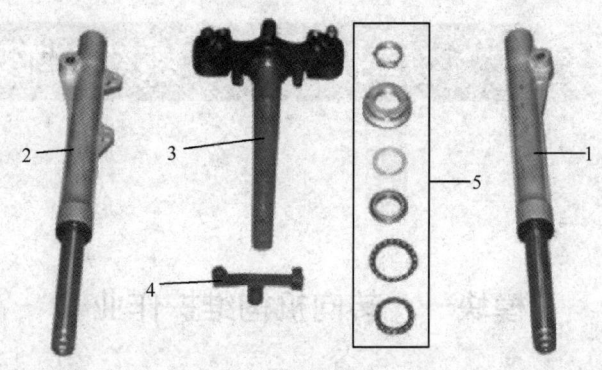

图7-1 拆卸转向机构

1、2—前减振器 3—方向柱 4—挡风板支架 5—推力球轴承

拆卸转向机构的步骤如下：

1. 拆下方向把、点火开关、前减振器总成等。

2. 拆下方向柱顶端的压紧螺栓，拆卸上联板。

3. 展平锁紧垫圈，使用专用扳手拧下方向柱上的锁紧螺母。

4. 拆除上轴承外座圈。

5. 从车架转向立管中抽出方向柱；取下方向柱时，保管好推力球轴承的钢球。

6. 拆除推力球轴承。

## 二、检查转向机构

1. 检查推力球轴承的钢球和座圈是否磨损或破损如图 7-2 所示。

2. 检查方向柱转动的灵活程度。

图 7-2 检查钢球和座圈

## 三、装配转向机构（见图 7-3）

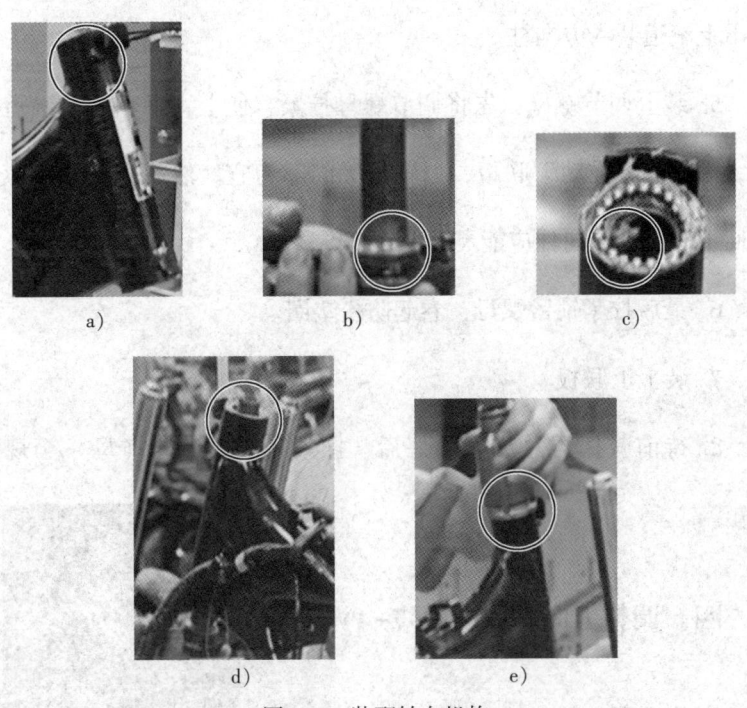

图 7-3 装配转向机构

a) 安装立管轴承 b) 安装方向柱轴承 c) 安装钢球 d) 安装方向柱 e) 压紧轴承

装配转向机构的步骤如下：

1. 使用安装轴承座圈的专用工具，将上轴承下滚道和下轴承上滚道分别压入车架转向立管的上、下轴承座孔内。

2. 使用长套筒将下轴承下滚道压入方向柱底部。

3. 将规定数量的钢球涂上润滑脂并分别装到上轴承下滚道和下轴承上滚道上。

4. 将方向柱装入车架转向立管内，用一只手托住下联板，将上轴承上滚道装入方向柱。

5. 装上调节螺母，先将调节螺母拧紧，使上、下轴承的滚道压紧，用手上下推动下联板，以轴承无间隙为宜。然后，将调节螺母退回1/8圈，转向柱应能灵活地转动。

6. 最后拧紧锁紧螺母，卷起防松垫圈。

7. 装上上联板。

8. 待前减振器总成安装好后，拧紧其压紧螺栓（母）至规定力矩。

## 四、调整方向把（见图7-4）

1. 先将紧固在方向把中间的4颗螺栓拧松，拧松程度以能够转动方向把为宜；4

图7-4 调整方向把

颗螺栓不能完全拧出来，以拧松为宜，以防调整困难。

2. 转动方向把，转动的角度以驾驶人感觉乘骑时最合适为准。

3. 最后将松开的 4 颗螺栓拧紧。

> **小知识**
>
> **摩托车转向机构**
>
> 转向机构也称方向把操纵总成，由方向把、方向柱、操纵钢索、握把、闸把等组成。
>
> 1. 方向把
>
> 方向把的作用是操纵前轮，使摩托车按一定方向行驶，通常弯曲成一空间线状，左右两端对称。方向把安装在上联板上的两个有半圆形槽的安装座内，上面盖有带半圆形槽的固定盖并用螺栓固定。在方向把的右端装有控制化油器节气门的油门握把和前制动闸把；左端装有橡胶握把和离合器闸把。有些无手操纵离合器的轻便摩托车则装有后制动闸把。另外，左右端闸把座上还装有后视镜和一些电器开关，如图 7-5 所示。当方向把绕方向柱左右转动时，上、下联板随之转动，并通过前减振器带动前轮左右转动。
>
> 2. 方向柱
>
> 方向柱是摩托车转向机构的导向机构。方向柱总成由方向柱、上联板、下联板和推力球轴承等组成，如图 7-6 所示。

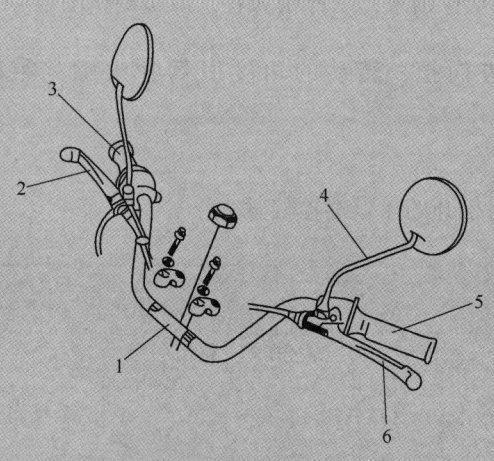

图 7-5 方向把总成
1—方向把 2—前制动闸把 3—油门握把 4—后视镜 5—橡胶握把 6—离合器闸把

方向柱与车架、前减振器之间的连接关系：方向柱与下联板焊接在一起，并套装在车架的立管内，如图 7-7 所示。摩托车的质量经方向柱及上、下联板传给前减振器，再由前减振器传给前轮。而前轮受到路面冲击时所产生的冲击载荷又经前减振器传至上、下联板和方向柱，再传至车架。当车辆需要转向时，转动方向把，则上联板随之转动并驱动前减振器偏转，使前轮转过一角度以达到转向的目的，此时，方向柱也在车架立管内转动起导向的作用。因此，方向柱既要能承受较大的轴向载荷，又要保证摩托车在行驶时的转向灵活性。

方向柱的上、下部都装有轴向推力球轴承，轴承由上滚道、下滚道和钢球组成，如图 7-8 所示。装配时，上滚道装在方向柱的轴颈上，下滚道装在车架立管的轴承座内，钢球装在上滚道与下滚道之间的滚道槽上。上滚道和下滚道不能倒装，且必须在钢球上均匀地涂上适量的润滑脂。轴承上部装有防尘罩，防尘罩的上部还装有调整螺母，用调整螺母来调整推力球轴承的松紧程度，如图7-9所示。

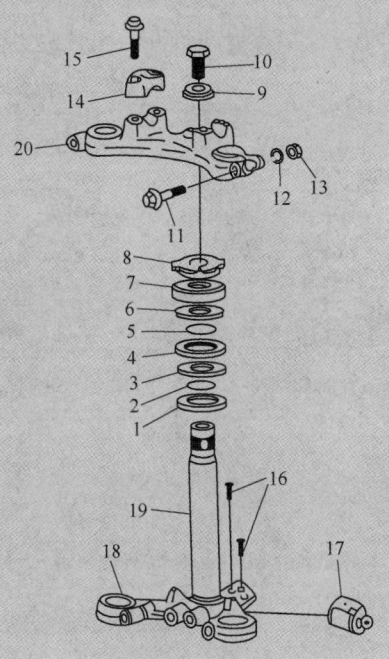

图7-6 方向柱总成

1、6—轴承外座圈 2、5—钢球 3、4—轴承内座圈 7—护盖 8—调整螺母 9、12—垫圈 10—方向柱压紧螺栓 11、15—螺栓 13—螺母 14—固定盖 16—螺钉 17—车头锁 18—下联板 19—方向柱 20—上联板

图7-7 方向柱与上、下联板

图7-8 推力球轴承

· 165 ·

3. 操纵钢索

操纵钢索由于具有良好的挠性且布置不易受空间和结构限制的特点，在摩托车上得到了广泛的应用。操纵钢索由钢丝绳、接头及金属弹簧、塑料软管等组成，其结构如图7-10所示。

图7-9 方向柱调整螺母

图7-10 操纵钢索

4. 握把

握把用橡胶制成，套在方向把左右两端，如图7-11所示。一般情况下，右握把可以在方向把里转动，起到转动油门操纵钢索的作用，左握把起到握手的作用。

5. 闸把座

闸把座为两个半圆状圆套，用螺钉固定在闸把上，除支撑闸把外，上面还设置有前照灯、转向灯、喇叭等电器操作开关，如图7-12所示。

6. 闸把

闸把主要用来操作钢索，有前制动闸把、后制动闸把、离合器闸把，闸把结构如图7—13所示。闸把固定在闸把座的销钉上，来回转动，末端连接操纵钢索，当需要操作时，四个手指紧握闸把往握紧方向收回即可，四个手指放松即可复位。

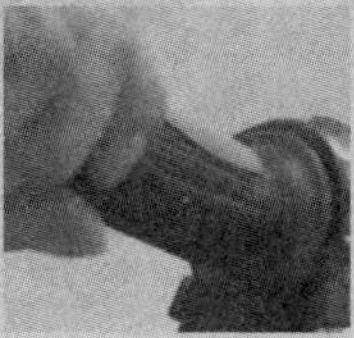

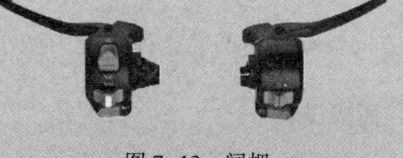

图 7-11　握把 　　　　　图 7-12　闸把座

图 7-13　闸把

## 模块二　减振器维护作业

### 技能　调整后减振器凸轮

为了适应不同人群乘坐摩托车舒适性的需求，在摩托车后减振

器下（上）端设置有调节后减振器弹簧软硬的调节凸轮。调整后减振器凸轮的目的就是调整弹簧软硬度。

调整后减振器凸轮所需工具：专用扳手等。

调整后减振器凸轮，具体调整操作如图7-14所示。

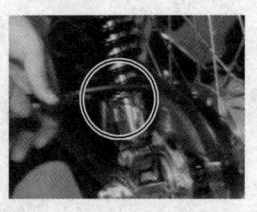

图7-14 调整后减振器凸轮

1. 用专用扳手卡住调节凸轮。

2. 沿顺时针方向转动调节凸轮，弹簧弹力减小。后减振弹簧弹力较大，转动凸轮需缓慢进行。

3. 沿逆时针方向转动调节凸轮，弹簧弹力增大。调节时，左右两侧凸轮高度必须保持一致。

> **小知识**
>
> ### 摩托车减振器
>
> 减振器是车轮与车体之间的弹性连接传力部件，它是用来支承车体的质量，缓和道路不平对车辆的振动和冲击，并迅速衰减振动，以提高乘骑的舒适性，延长车辆使用寿命，提高操纵性和稳定性。
>
> 减振器主要由弹簧、阻尼物质和套管组成。减振器有许多种类，根据安装位置分，有前减振器和后减振器；按结构形式分有伸缩管式前叉液压减振器、摇臂式减振器、摇臂杠杆垂直式中心减振器和摇臂杠杆倾斜式中心减振器；按

工作介质分，有弹簧式减振器、弹簧—空气阻尼式减振器、液力阻尼式减振器、油—气组合式前叉减振器和充氮气液压减振器。以下介绍常用的几种减振器。

1. 前减振器

目前，前减振器应用较为普遍的是伸缩管式前叉液压减振器，如图7-15所示。它除装有吸收与释放能量的缓冲弹簧外，还装有起衰减振动作用的液压减振装置。嘉陵—本田JH70、南方NF125、幸福XF125等摩托车即采用这种方式的减振器。

图7-15　前减振器

前减振器的工作原理：利用液体流动的阻力来消耗振动的能量。当摩托车行驶中受到冲击力时，车架与车轮产生相对运动，装在减振套筒内的油通过细长孔反复地从一个油腔流到另一个油腔。当液压油流过细长孔时产生阻力，该阻力便起到减振的作用，从而使振动迅速衰减。摩托车受到的冲击力越大，车架与车轮相对运动的速度越快，减振筒内的液压油流动的速度越快，产生的阻力也就越大，从而保证了摩托车在不良道路上行驶的舒适性。

2. 后减振器

常见的后减振器有弹簧—空气阻尼式减振器和弹簧—液压阻尼式减振器两种。JH70、JH125型摩托车采用的是弹簧—液压阻尼式，其工作原理与前减振器类同。如图7-16所示，后减振器主要由弹簧、阻尼

图7-16　后减振器

器、下接头组件及上下防尘罩组成。

后减振器的工作原理：当后轮在行驶中受到地面冲击时，后轮叉向上摆动，则下接头组件向上移动，于是缓冲弹簧被压缩，吸收了部分冲击能量，因而缓和了部分冲击；由于阻尼器中的活塞杆与下接头是螺纹连接，活塞将阻尼器空间分隔为上下两个空间，所以阻尼器内的活塞也同时上移，液压油从上腔经活塞上的阻尼小孔进入下腔，因而产生了与活塞方向相反的阻尼力，减缓了振动。当地面冲击消失后，弹簧会在恢复原状的同时释放吸收的能量，此时下接头组件下移，带动活塞杆及活塞共同下移并压缩弹簧，从而使下腔容积减小，油液通过阻尼孔进入上腔，在通过阻尼孔时产生与活塞运动方向相反的阻尼力，从而吸收了弹簧释放的部分能量并将其转化为热量，因而衰减了振动。

如图7-17所示，在后减振器下方安装有调节弹簧高度的凸轮，这种方式能够改变弹簧安装长度，以获得合适的硬度。调节装置有3挡或5挡转换的结构，也有无级转换的结构。此外，对于越野车还开发了能够调节衰减力的结构形式。

图7-17 后减振器调节凸轮

另外，还有一种常用的减振器——充氮气液压减振器，如图7-18所示，在油阻尼器的液压缸内充入压缩气体（氮气），依靠游动活塞对油液加压，所以油腔内充满油液而不会混入空气，能获得稳定的衰减力，这种结构用于倒置单缸式缓冲装置，一般为越野车采用。

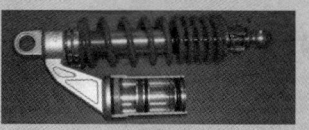

图 7-18 氮气充入式减振器

## 模块三 摩托车车轮维护作业

### 技能1 摩托车车轮小修作业

摩托车车轮直接受到地面冲击且磨损非常大，故轮胎需要定期维护或更换。摩托车车轮小修作业的主要内容是拆卸与装配轮胎和内胎。

摩托车车轮小修作业所需工具：一字旋具、十字旋具、呆扳手、胶木榔头、木制撬条、黄油、肥皂水等。

摩托车车轮小修作业的具体操作步骤如图7-19~图7-22所示。

## 一、拆卸前轮总成

拆卸前轮总成的操作步骤如图 7-19a、图 7-19b 所示。

1. 将摩托车支起来,使前轮离开地面。

2. 拆下车速里程表软轴、前制动钢索。

3. 拧下轮轴螺母,取出轮轴。

4. 卸下前轮。

　　　　a)　　　　　　　　　　b)

图 7-19　拆卸前轮总成
a) 拆卸轮轴　b) 卸下前轮

## 二、拆卸后轮总成

拆卸后轮总成的操作步骤如图 7-20a、图 7-20b 所示。

1. 拆下后制动器定位螺栓。

2. 拧松右侧链条张紧器锁紧螺母;拧松右侧链条张紧器并压下张紧器。

a) b)

图 7-20 拆卸后轮总成操作步骤
a）拆卸链条 b）卸下后轮

3. 拧下后制动器调整螺母。

4. 拧松左侧链条张紧器锁紧螺母；拧松左侧链条张紧器并压下张紧器。

5. 充分拧松后轮轴螺母但不松掉。

6. 将后轮往前移动，拆下驱动链条。

7. 卸下后轮。

## 三、拆卸轮胎

拆卸有内胎轮胎的操作步骤如图 7-21 所示。

1. 拆卸时先拆下气门嘴螺母，如图 7-21a 所示，按压气门芯，放尽胎内气体，取出气门芯。然后用脚踩轮胎侧面，使外胎脱离轮辋，将气门嘴推出轮辋孔。

2. 将拆卸杆插入外胎圈，把外胎圈撬出轮辋。注意拆卸杆不要插入轮辋过深，以免损伤内胎，如图7-21b所示。这样先将一侧外胎圈撬出轮辋，然后用同样的方法将另一侧外胎圈也撬出轮辋。

3. 取下外胎并取出内胎，如图7-21c所示。

无内胎轮胎的拆卸步骤与有内胎轮胎的拆卸步骤相似。

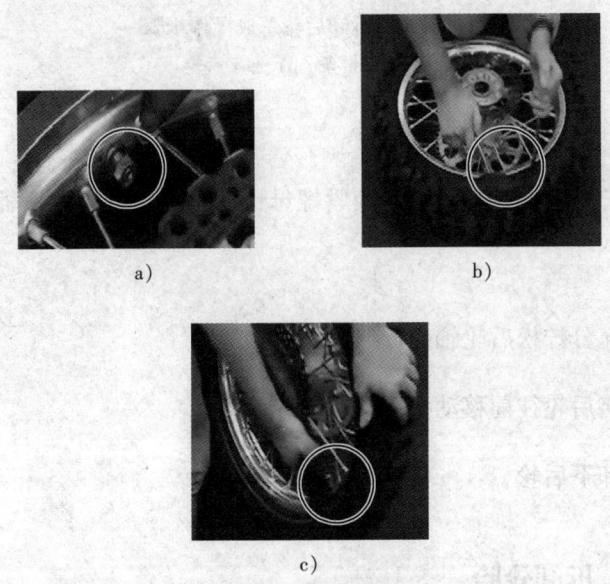

图7-21 拆卸有内胎轮胎的操作步骤
a）拆卸气门嘴螺母 b）将外胎圈撬出轮辋 c）取出外胎和内胎

## 四、安装轮胎

安装有内胎轮胎的操作步骤如图7-22所示。

1. 清理轮辋内侧，理顺衬带，如图7-22a所示。

2. 将内胎装入外胎内，注意内胎与外胎原来的安装位置。先将气门嘴放入轮辋孔中，并将气门嘴附近的外胎圈先装入轮辋内，再用拆卸杆逐段地将外胎圈撬进轮辋内，如图 7-22b 和图 7-22c 所示。

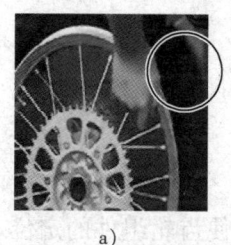 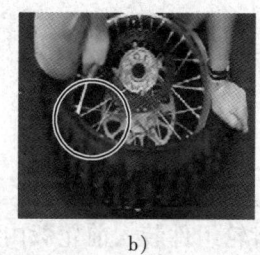 

a) b) c)

图 7-22 安装有内胎轮胎的操作步骤
a) 理顺衬带 b) 安装一侧外胎 c) 安装另一侧外胎

3. 装好气门芯等零件，慢慢向轮胎充气，边充气边用胶木榔头敲击外胎面，使外胎圈顺利地嵌入轮辋限位槽内。充入 80% 的气压后，全面检查一次贴合情况，确认完全贴合后再充足气，使气压达到规定值。

安装无内胎轮胎的操作步骤与安装有内胎轮胎的操作步骤相似，具体操作步骤如下：

1. 先将轮辋和外胎都涂上肥皂水。

2. 按外胎原安装位置先将标记位置装入轮辋内，用轮辋保护垫保护轮辋，将拆卸杆插入内侧的外胎圈内，一段一段地将内侧的外胎圈全部装入轮辋内。

3. 同样再一段一段地将外侧的外胎圈全部装入轮辋中。

4. 待外胎全部装入轮辋后，用胶木榔头沿胎面敲击，使外胎圈完全嵌入轮辋限位槽内。

## 五、装配前轮总成

装配前轮总成的操作步骤如图 7-23 所示。

1. 将车速里程表的齿轮组件装入前轮毂内，使齿轮组件的定位槽与前叉内侧的凸座正确啮合好，使前制动器盖外侧的定位槽与前叉内侧凸座也正确啮合好，如图 7-23a 所示。

2. 在前轮轴上涂上润滑脂，将前轮轴从左侧穿入前叉孔、轮毂轴承孔内。可借助胶木榔头敲击使其装配到位，如图 7-23b 所示。

3. 先预紧前轮轴螺母，再按规定扭矩拧紧前轮轴螺母，如图 7-23c 所示。

4. 安装车速里程表软轴、前制动钢索。前轮总成装配完毕，需对前制动钢索自由行程进行重新调整，如图 7-23d 所示。

a)

b)

 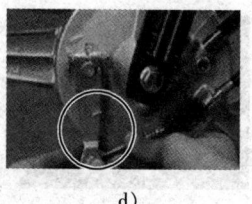

c) d)

图 7-23 装配前轮总成操作步骤

a) 安装前制动器 b) 安装前轮轴
c) 拧紧前轮轴螺母 d) 安装车速里程表软轴、前制动钢索

## 六、装配后轮总成

装配后轮总成的操作步骤如图 7-24 所示。

1. 将后制动器盖组件装入后轮毂内，如图 7-24a 所示。

2. 安装左侧链条调节器，如图 7-24b 所示。

3. 安装驱动链条，如图 7-24c 所示。

4. 将后轮轴从左侧穿入后摇臂孔、轮毂轴承、后制动器盖、右侧链条调节器，如图 7-24d 所示。

5. 安装后制动拉杆，并调整好后制动踏板自由行程，如图 7-24e 所示。

6. 安装并调整驱动链条，如图 7-24f 所示。

7. 装上后轮轴螺母，按规定扭矩拧紧后轮轴螺母，如图 7-24g 所示。

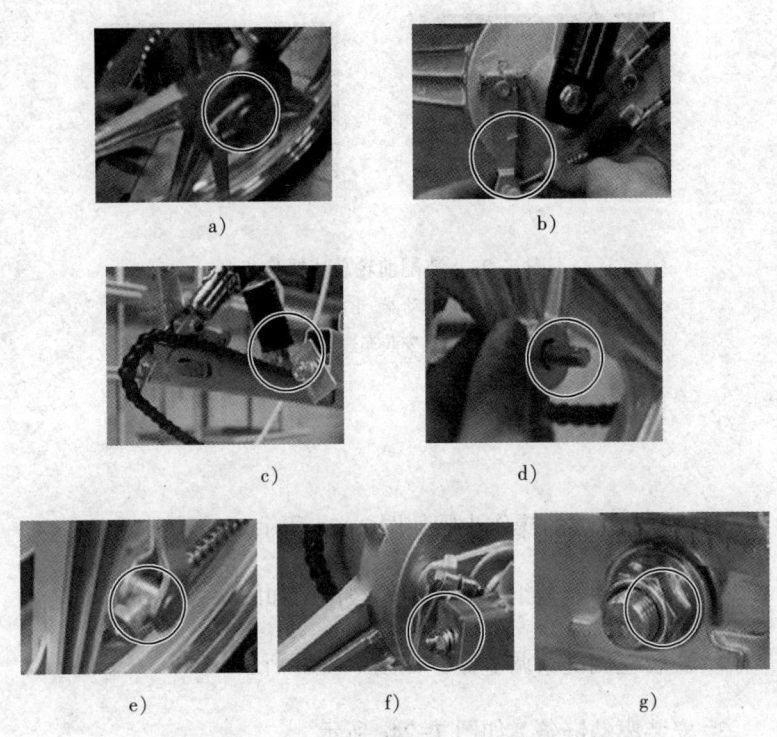

图 7-24 装配后轮总成的操作步骤
a) 安装后制动器 b) 安装左侧链条调节器 c) 安装驱动链条
d) 穿入后轮轴 e) 安装后制动系统 f) 调整链条松紧度 g) 拧紧后轮轴螺母

> **小知识**
>
> ### 摩托车车轮
>
> 车轮是摩托车的行驶部分,由轮胎、轮辋、轮辐、轮毂组成。
>
> 1. 轮胎
>
> 轮胎包括外胎、内胎和衬带。它们的主要材料为橡胶。轮胎的尺寸规格用 $B$-$d$ 表示,$B$ 表示轮胎断面宽度,$d$ 表示轮辋最大直径,单位通常采用英制单位

"英寸（in）"（1 in=25.4 mm）。一般每条轮胎上都标有基本规格和其他参数，其内容有尺寸规格、帘布层级数、充气气压、最大负荷及制造厂标记等，如3.00-18-4PR/220 kPa。

（1）外胎。外胎较硬且具有弹性，它包容着内胎，直接与地面接触。外胎根据不同的作用和使用要求，可以设计成不同的结构。一般来说，外胎由胎面、胎体、缓冲层及胎圈组成，如图7-25所示。外胎的胎面根据不同的用途加工出各种不同的花纹，如图7-26所示。摩托车在行驶时有时会倾斜于路面，为了防止侧滑，胎面花纹多延伸至胎肩。

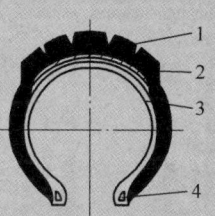

图7-25　外胎
1—胎面　2—胎体
3—缓冲层　4—胎圈

图7-26　轮胎花纹

（2）内胎和衬带。内胎是一个封闭的空心（实心）圆环，通过气门嘴充足一定的气压，填满外胎的内腔，使轮胎获得必要的强度和合适的弹性。内胎的尺寸规格由配套使用的外胎决定。内胎的主要质量指标是气密性。

衬带是环形橡胶带，其用途是隔离轮胎与轮辋，保护内胎的气密性，防止辐条头或辐条螺母以及轮辋上的毛刺刺破或摩擦内胎。

2. 轮辋

轮辋是支撑、固定轮胎的骨架，它与轮胎共同承受作用在车轮上的负荷，并且散发轮胎产生的热量。轮辋按结构形式不同可分为辐条式、整体式和辐板式。

(1) 辐条式轮辋。辐条式轮辋呈圆圈状，断面呈槽形，整圈槽底均布有若干小孔。轮辋表面需要进行电镀或涂防腐层，目前多数采用镀铬处理，使表面色泽光亮美观并具有耐腐蚀能力，如图7-27所示。

图7-27 辐条式轮辋

(2) 整体式轮辋。压铸整体式轮辋是用铝合金采用压铸工艺，将轮辋、轮辐、轮毂铸成一体，经过机加工而成，JH150型摩托车采用的就是这种轮辋，如图7-28所示。此种结构的车轮强度高，尺寸精度及动平衡容易保证，装配及维护保养方便、成本低，正在被摩托车行业迅速采用。但此种结构的轮辋弹性差，一般仅用于公路型摩托车。

(3) 辐板式轮辋。辐板式轮辋是冲压成形焊接组合式轮辋，如图7-29所示，此种结构的车轮强度高、刚性好、成本低，但不可调、不可换件，装配调整较辐条式轮辋好，目前应用较多。

图7-28 整体式轮辋　　图7-29 辐板式轮辋

3. 轮辐

轮辐是连接轮辋和轮毂的零件,按照结构的不同,车轮轮辐可分为辐条式、整体式、辐板式三种。

(1) 辐条式轮辐。目前,国产摩托车大都采用辐条式车轮,如 JH70、CJ50、JH125、XF125、NF125 及 XF250 等车型均采用辐条式轮辐。辐条式轮辐的结构如图 7-30 所示。

(2) 整体式轮辐。整体式轮辐的轮辐与轮辋和轮毂经过压铸成为一个整体零件,该类型的轮辐不需要单独加工,直接在压铸铝合金车轮时形成,如图 7-31 所示。.

图 7-30 辐条式轮辐　　图 7-31 整体式轮辐

(3) 辐板式轮辐。辐板式轮辐是用冲压形式将板材冲压成长条等形状,然后采用铆接方式将辐板与轮毂和轮辋连接而成,该类轮辐的辐板形状比较容易控制,就加工轮辐而言,比较简单,如图 7-32 所示。

图 7-32 辐板式轮辐

4. 轮毂

摩托车的轮毂,按基本结构的不同可分为前轮毂和后轮毂。

(1) 前轮毂。各种摩托车前轮毂的结构基本相同。如图7-33所示为重庆-雅马哈CY80型摩托车的前轮毂,它主要由本体、轮毂、轮芯等几部分构成。在两个轮缘上,各均匀地分布着18个孔,用于安装辐条螺母和辐条;左右轮缘相邻两孔错位0.5孔距。轮芯安装有两个滚动轴承,轴承用衬套与轮芯固定,轴承外侧安装有密封件。对采用鼓式制动器的摩托车车轮轮毂,将制动鼓与本体铸为一体。

(2) 后轮毂。后轮毂的结构由于传动变速系统结构的不同而有所不同,如图7-34所示。后轮是驱动轮,故后轮毂增加了传递动力的结构。其结构形式有以下两种:

图7-33 摩托车前轮毂　　图7-34 摩托车后轮毂

带传动的摩托车,其减速机构设在从动带轮之后,即安装在后轮毂芯中,轮芯不安装滚动轴承,而用一个花键套与轮毂连为一体。其花键与减速器的输出轴配装,花键套的外周还有防止与轮毂相对传动和轴向窜动的结构,以便传递转矩,驱动后轮转动。

链传动摩托车的后轮毂与前轮毂的结构基本相同,只是增加了传力的缓冲块或缓冲套,安装缓冲块的轮毂与从动链轮必须通过一个链盘联系起来。

## 技能2　诊断与排除摩托车车轮简单故障

摩托车车轮由轮胎、轮辋、轮毂、轮辐、轮轴和轴承等零部件组成，它们支撑摩托车的全部质量并同摩托车一起在路面上行驶。摩托车车轮的主要故障有轮胎胎压不正确或轮胎损坏，轮辋扭曲或不正，车轮辐条或辐板变形、松动，车轮轴承磨损或松脱，轮轴弯曲或轮轴螺母松动。

诊断与排除摩托车车轮简单故障所需工具：一字旋具、十字旋具、盛具、清水、电烙铁、补丁胶、钢丝刷、小瓶、百分表等。

诊断与排除摩托车车轮简单故障，具体操作步骤如下所述。

➡ 故障现象：轮胎气压不足或无气压。

🌀 故障原因：内胎有气眼或被扎破。

🔧 故障排除方法：检修内胎。

1. 检查：将拆下的内胎充气后浸入水中，冒出气泡处就是穿孔处，并在此做上记号，放出气体并擦干内胎上的水便可进行修补。

2. 修补：修补方法有冷补和热补，热补效果优于冷补，但需要一定的设备来加热胎面。

➡ 故障现象：轮胎胎压不正确或轮胎损坏。

🌀 故障原因：外胎被扎破。

🔧 故障排除方法：检修外胎。

1. 如果是小破孔可用橡胶塞或用补钉粘于外胎内壁进行修补。

2. 如果外胎有较大的切口或帘布层断裂，则无法修补，只能更换。

➡ 故障现象：气门嘴漏气。

🌀 故障原因：气门嘴附近脱胶或被刺穿。

🔧 故障排除方法：检修气门嘴。

1. 检查：用一装满水的小瓶套在气门嘴上，若小瓶内连续冒气泡，则说明气门芯和气门身配合处漏气；应将螺母用力拧紧后再试。若还有气泡冒出，应检查气门嘴附近的皮管是否破裂。

2. 补胶或补破处理。

➡ 故障现象：轮辐变形、松动。

🌀 故障原因：

1. 受到撞击变形或折断。

2. 长期在崎岖山路行驶且减振器效果下降。

🔧 故障排除方法：检修轮辐。

1. 更换辐条。

2. 检查和校正轮辋的径向跳动和轴向跳动量。

3. 辐板式和整体式车轮一般不需要调试和维修，只是在摩托车的车轮受到撞击后，才对其径向和轴向跳动量进行检查，若超出规定值，则只能更换。

➡ 故障现象：轮辋扭曲或不正。

🌀 故障原因：

1. 受到撞击。

2. 长期超载行驶。

3. 长期在崎岖山路行驶且减振器效果下降。

🔧 故障排除方法：检修轮辋。

检查轮辋径向和轴向跳动量，若超出规定值，辐条式轮辋可校正，辐板式和整体式轮辋只能更换。

➡ 故障现象：轮轴弯曲、轮轴螺母松动、车轮轴承磨损或松脱。

🌀 故障原因：

1. 受到撞击。

2. 抖动严重或受到严重撞击。

3. 长期高速行驶，轴承拉伤或变形松脱。

🔧 故障排除方法：检修轮轴。

1. 更换轮轴。

2. 更换轮轴螺母。

3. 更换一对轴承。

> **小知识**
>
> ### 摩托车轮胎修补方法
>
> 1. 冷补法
>
> 待修补处洁净、干噪无油脂后，将刺孔周围用钢丝锉锉毛并涂上黏合剂，待半干且有黏性时将补钉紧贴于此处，而后充气并浸入水中检查。
>
> 2. 热补法
>
> 准备好内胎，将热补块夹在穿孔处并用火点燃热补块背面的燃料，因高温可促进黏合。待补块冷却后充气并浸入水中检查。

# 第8单元 摩托车电气维修作业

## 模块一 蓄电池维护作业

### 技能 摩托车蓄电池维护作业

通常摩托车在初驶 1 000 km 和每行驶 3 000 km 应对蓄电池进行检查和保养。检查、保养的主要内容是检查蓄电池液面高度和充电。

摩托车蓄电池维护作业的主要内容是拆卸蓄电池连接线、清洗接线柱、检查液面高度、检查电解液密度、蓄电池充电等。

摩托车蓄电池维护作业所需工具：旋具、热水、黄油、电解液、密度计、充电机等。

摩托车蓄电池维护作业的具体操作步骤如图 8-1 所示。

### 1. 拆卸蓄电池连接线

关掉点火开关，先拆下蓄电池"-"极导线，然后拆下"+"极导线。拆卸"+"极导线时，拆卸工具不可触碰车体，以防短路，如图 8-1a 所示。

### 2. 清洗接线柱

用热水将接线柱冲洗干净并在接线柱上涂上润滑脂或凡士林，以防接线柱氧化而引起接触不良，如图 8-1b 所示。

### 3. 检查液面高度

蓄电池电解液液面应处于上限线和下限线之间，如液面太低，应添加蒸馏水或电解液。添加后液面不应超过上限线，以防止溢出，如图 8-1c 所示。

### 4. 检查电解液密度

用密度计测量电解液密度，通常电解液密度为 $1.26 \sim 1.28 \ kg/cm^3$。当电解液密度下降时，应及时充电并调整电解液密度至标准值，如图 8-1d 所示。

### 5. 蓄电池充电

将充电机"+"极接蓄电池"+"极，充电机"-"极接蓄电池"-"极。充电机电压调至与蓄电池标定电压一致，打开电源，充电至蓄电池电解液密度达到标准值。充电电流值约为蓄电池容量的

1/10，一般充电时间为 10 h，要避免使用快速充电，如图 8-1e 所示。

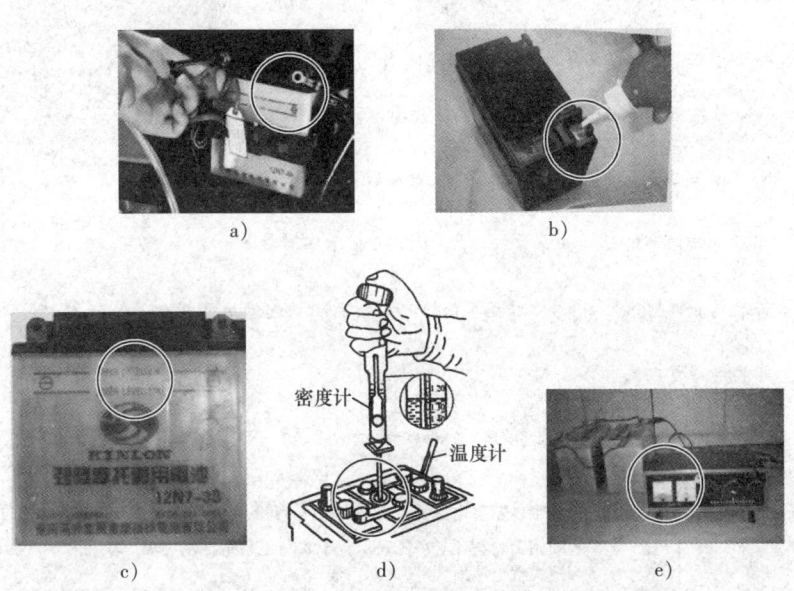

图 8-1 摩托车蓄电池维护作业的操作步骤
a) 拆卸蓄电池 b) 清洗接线柱 c) 检查液面高度
d) 检查电解液密度 e) 蓄电池充电

### 小知识

**摩托车蓄电池**

电源系统包括蓄电池、磁电机及蓄电池的充电系统。电源系统的作用是在磁电机发电充足时，除了向用电装置供电外，还向蓄电池充电，把一部分电能储存在蓄电池内，保证在磁电机供电不足的情况下向用电装置供电。

摩托车常用的是铅酸蓄电池（简称铅蓄电池），如图8-2所示，其结构是用

3个或6个单体蓄电池串联在一起，每个单体蓄电池的结构相同，都是由电极板、隔板、电解液和壳体组成。

单体蓄电池电压约为2 V，即6 V蓄电池由3个单体蓄电池串联在一起，12 V蓄电池由6个单体蓄电池串联在一起，装在一个壳体内，使用时加入相应的电解液。

图8-2 蓄电池

目前国产摩托车用的蓄电池有2种类型（按国家标准GB/T 23638—2009《摩托车用铅酸蓄电池》）：起动用蓄电池，如6-M-5I；非起动用蓄电池，如3-MF-4。

国产摩托车蓄电池型号的含义举例如下：

```
3 - M F - 4
│   │ │   └── 用数字表示蓄电池的10小时率额定容量（安时），4表示4Ah
│   │ └────── 起动用蓄电池用"Q"表示，干式荷电蓄电池用"A"表示，
│   │         阀控式蓄电池用"F"表示
│   └──────── 用字母表示用途，M表示摩托车用铅酸蓄电池
└──────────── 用数字表示串联的单体蓄电池的数量，3表示3个单体蓄电池
```

# 模块二　诊断及排除一般电路故障

## 技能　诊断及排除一般电路故障操作

从磁电机或蓄电池的电源到主电缆，从分支路到各用电设备，

构成摩托车电气电路系统。

诊断与排除一般电路故障的主要内容是诊断与排除接插件松动、高压线接头松动或锈渍、火花塞电极有污物、熔丝损坏故障等。

诊断与排除一般电路故障所需工具：一字旋具、十字旋具、尖嘴钳、火花塞扳手、塞尺、抹布、竹制刮片等。

诊断与排除一般电路故障的具体操作步骤如图 8-3 所示。

➡ 故障现象：接插件松动。

◉ 故障原因：摩托车运行抖动或安装没到位。

🔧 故障排除方法：紧固接插件。取下接插件，擦拭干净，重新插紧，如图 8-3a 所示。

➡ 故障现象：高压线接头松动或锈渍。

◉ 故障原因：摩托车运行抖动、安装没到位或被空气氧化。

🔧 故障排除方法：重新插接。可擦拭干净锈渍或剪去一段后重新插接，如图 8-3b 所示。

➡ 故障现象：火花塞电极积炭和油污。

◉ 故障原因：燃油燃烧积炭与油污。

🔧 故障排除方法：清理积炭，去除油污。用竹制刮片刮去积炭，用棉布擦拭干净，如图 8-3c 所示。

➡ 故障现象：火花塞电极间隙变化。

🌀 故障原因：燃油燃烧积炭与油污堆积。

🔧 故障排除方法：先清理积炭及去除油污，再调整间隙。用专用工具轻轻扳动侧电极；用塞尺测量间隙值，如图 8-3d 所示。

➡ 故障现象：连接松动。

🌀 故障原因：修理后安装不到位或车辆抖动严重所致。

🔧 故障排除方法：紧固螺钉。更换垫片，用旋具旋紧，如图 8-3e 所示。

➡ 故障现象：插线接触不良。

🌀 故障原因：修理后插线不到位或车辆抖动所致。

🔧 故障排除方法：紧固插件。拔出后用抹布擦去灰尘或氧化层，重新插紧，如图 8-3f 所示。

➡ 故障现象：熔丝损坏。

🌀 故障原因：摩托车运行抖动致使熔丝松脱，或熔丝烧断。

🔧 故障排除方法：更换熔丝，如图 8-3g 所示。

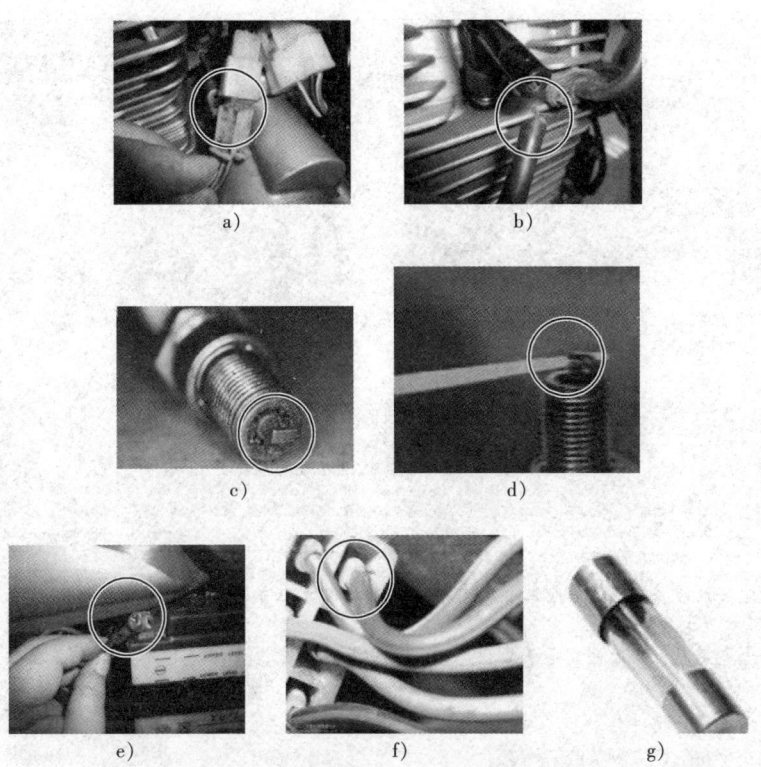

图 8-3　诊断与排除一般电路故障的操作步骤

a）接插件松动　b）高压线接头松动　c）火花塞电极有污物
d）火花塞电极间隙变化　e）连接松动
f）插线接触不良　g）熔丝损坏

> **小知识**
>
> **摩托车电气系统**
>
> 摩托车电气系统包括电源系统、电起动系统、点火系统、照明系统与信号系统，如图 8-4 所示。仪表装置包括车速里程表、发动机转速表、燃油表等。

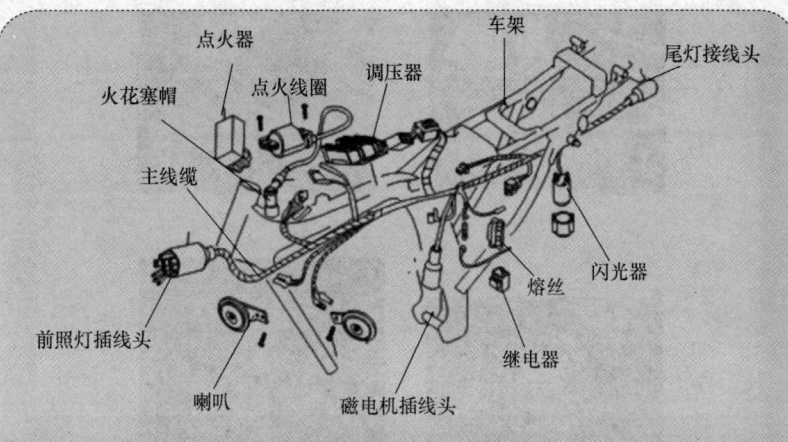

图 8-4 摩托车电气系统布置图

1. 电源系统

电源系统包括蓄电池、磁电机及蓄电池的充电系统。其作用是在磁电机发电充足时,除了向用电装置供电外,还向蓄电池充电,把一部分电能储存在蓄电池内,保证在磁电机供电不足时向用电装置供电。

2. 电起动系统

摩托车电起动系统的作用是用蓄电池放出的电能驱动发动机,使其完成一次做功而进入自动运转状态。为使起动电动机产生足够大的转矩,目前带电起动装置的摩托车一般采用12 V大容量的蓄电池,而且在电动机轴与曲轴之间一般设有齿轮减速机构,以便有较大的转矩传递给曲轴,使曲轴克服阻力转动。

3. 点火系统

在摩托车发动机中,气缸内被压缩的可燃混合气是用高压火花点燃的,为了能产生高压电火花,就必须有一套电气装置来完成点火任务,这就是点火系统。点火系统的作用是将蓄电池或者磁电机的低电压转换为高电压,使火花塞产生高压电火花,以点燃发动机气缸内的混合气,使摩托车发动机运转工作。

4. 照明系统

照明系统是为了保证摩托车夜间、雾天、雨天的行驶安全,在摩托车上安装的多种照明设备,用以提供道路照明、牌照照明、仪表盘照明以及夜间行驶及停车时标识摩托车的位置,使驾驶人看清车前道路,并了解摩托车各部分的工作状态。

5. 信号系统

为保证摩托车的正常行驶和人身安全,将相应的电路单元组合在一起,即构成了信号系统。其作用是产生声、光信号,指示摩托车的行驶状态,提醒来往车辆及行人注意,保证摩托车的行驶安全。

6. 仪表装置

仪表系统主要由车速里程表、发动机转速表、燃油表、机油表、水温表等仪表与其相应的传动装置、传感器和报警装置构成,它是现代摩托车必不可少的装置。

# 培训大纲建议

## 一、培训目标

通过以技能操作为主的培训，要达到以下目标：

1. 初步认识摩托车总体结构及部分关键零部件的结构与简单工作原理。

2. 掌握摩托车维护作业的基本内容，能保养和调整摩托车的基本项目。

3. 掌握发动机简单故障维修基本内容，能诊断发动机常见简单故障及排除故障。

4. 掌握传动系统简单故障维修基本内容，能诊断传动链和传动带的故障及排除故障。

5. 掌握操纵控制系统简单故障维修基本内容，能诊断及排除鼓式制动系统和离合器操作系统的简单故障。

6. 掌握行车系统简单故障维修基本内容，能诊断及排除转向机构、减振器和车轮简单故障。

7. 掌握电气、仪表系统简单故障维修基本内容，能诊断及排除蓄电池简单故障和简单电路故障。

## 二、培训课时安排建议

总课时数：96 课时

理论知识课时：23 课时

技能操作课时：67 课时

机动或考试课时：6 课时

具体培训课时分配见下表。

**培训课时分配表**

| 培训内容 | 总课时 | 理论知识课时 | 技能操作课时 | 培训建议 |
|---|---|---|---|---|
| 第1单元　职业认知及职业道德 | 5 | 4 | 1 | 重点：摩托车维修工岗位认知<br>难点：职业道德和安全生产知识<br>建议：教学过程中注意理论联系实际 |
| 模块一　摩托车维修工岗位认知 | 2 | 2 | | |
| 模块二　职业道德基本知识 | 1 | 1 | | |
| 模块三　安全生产知识 | 2 | 1 | 1 | |
| 第2单元　摩托车维修基本知识 | 5 | 3 | 2 | 重点：摩托车总体结构<br>难点：摩托车常用维修工具与量具<br>建议：本单元是学习摩托车维修技能相关知识的基础，可直接进行基础知识教学，也可一边讲授技能知识，一边讲授基础知识 |
| 模块一　摩托车分类与编号 | 1 | 1 | | |
| 模块二　摩托车的总体结构及基本组成 | 2 | 1 | 1 | |
| 模块三　摩托车维修常用工具与量具 | 2 | 1 | 1 | |

续表

| 培训内容 | 总课时 | 理论知识课时 | 技能操作课时 | 培训建议 |
|---|---|---|---|---|
| 第3单元 摩托车维护作业 | 24 | 5 | 19 | 重点：摩托车的各种保养工作<br>难点：摩托车二级维护作业检查技能<br>建议：教学时，结合摩托车实物将基本概念讲清楚，对操作步骤进行细化讲解 |
| 模块一 摩托车一级维护作业 | 20 | 4 | 16 | |
| 模块二 摩托车二级维护作业 | 4 | 1 | 3 | |
| 第4单元 摩托车发动机维修作业 | 22 | 4 | 18 | 重点：摩托车的各种基本调整工作<br>难点：发动机简单故障诊断与排除作业<br>建议：培养初学对象的积极性和自信心，反复强调动手能力的重要性。学完本章后要求进行一次实际操作综合测验 |
| 模块一 摩托车进气系统维修作业 | 2 | | 2 | |
| 模块二 摩托车发动机一般维修作业 | 6 | 2 | 4 | |
| 模块三 摩托车燃油供给系统维修作业 | 2 | | 2 | |
| 模块四 摩托车排气系统维修作业 | 2 | | 2 | |
| 模块五 摩托车润滑系统维修作业 | 6 | 2 | 4 | |
| 模块六 摩托车发动机简单故障诊断与排除作业 | 4 | | 4 | |
| 第5单元 摩托车传动系统维修作业 | 4 | | 4 | 重点：检修与调整驱动链条工作<br>难点：检查与更换传动带作业<br>建议：可以适当讲授踏板车基本知识，以了解传动带及带轮构造 |
| 模块一 驱动链条维修作业 | 2 | | 2 | |
| 模块二 传动带维修作业 | 2 | | 2 | |

续表

| 培训内容 | 总课时 | 理论知识课时 | 技能操作课时 | 培训建议 |
|---|---|---|---|---|
| 第6单元　摩托车操纵控制系统维修作业 | 16 | 4 | 12 | 重点：调整油门操纵钢索自由行程、摩托车鼓式制动系统调整技能<br>难点：诊断及排除摩托车鼓式制动器简单故障、诊断及排除摩托车离合器简单故障<br>建议：教学时，结合摩托车实物全面讲述总体构造，从而突出操纵控制系统，以便学员对部件故障的分析与排除。学完本章后要求进行一次实际操作综合测验 |
| 模块一　摩托车油门操纵钢索调整 | 2 |  | 2 |  |
| 模块二　摩托车鼓式制动系统维修作业 | 8 | 2 | 6 |  |
| 模块三　摩托车离合器操纵系统维护作业 | 6 | 2 | 4 |  |
| 第7单元　摩托车行车系统维修作业 | 8 | 1 | 7 | 重点：摩托车转向机构维护作业<br>难点：摩托车减振器维护作业，诊断与排除摩托车车轮简单故障<br>建议：教学时，结合摩托车实物将行车系统构造表述清楚，对操作步骤进行细化讲解 |
| 模块一　转向机构维护作业 | 2 |  | 2 |  |
| 模块二　减振器维护作业 | 2 |  | 2 |  |
| 模块三　摩托车车轮维护作业 | 4 | 1 | 3 |  |
| 第8单元　摩托车电气维修作业 | 6 | 2 | 4 | 重点：掌握摩托车电气基本知识<br>难点：诊断及排除一般电路故障<br>建议：教学时，结合摩托车实物将基本电气概念讲清楚，对操作步骤进行细化讲解。学完本单元进行一次本学科综合实训考试 |
| 模块一　蓄电池维护作业 | 2 |  | 2 |  |
| 模块二　诊断及排除一般电路故障 | 4 | 2 | 2 |  |
| 小计 | 90 | 23 | 67 |  |
| 机动 | 6 |  |  |  |
| 合计 | 96 |  |  |  |

- 职业素质类
- 农业技能类
- 生产、运输业技能类
- 服务业技能类
- 其他技能类

扫一扫,直接查看本书高清图片